青年学者文库

重新定义员工责任

员工的组织公民行为对消费者响应的跨层中介作用

杨丽丹　著

天津出版传媒集团

天津人民出版社

图书在版编目（ＣＩＰ）数据

重新定义员工责任：员工的组织公民行为对消费者
响应的跨层中介作用 / 杨丽丹著. -- 天津：天津人民
出版社，2019.6
（青年学者文库）
ISBN 978-7-201-14779-6

Ⅰ.①重… Ⅱ.①杨… Ⅲ.①企业管理—人力资源管
理 Ⅳ.①F272.92

中国版本图书馆 CIP 数据核字（2019）第 106244 号

重新定义员工责任：员工的组织公民行为对消费者响应的跨层中介作用
CHONGXIN DINGYI YUANGONGZEREN

出　　　版	天津人民出版社
出 版 人	刘　庆
地　　　址	天津市和平区西康路35号康岳大厦
邮政编码	300051
邮购电话	（022）23332469
网　　　址	http://www.tjrmcbs.com
电子信箱	reader@tjrmcbs.cn
策划编辑	王　康
责任编辑	王　玚
装帧设计	明轩文化·王烨
印　　　刷	北京诚信伟业印刷有限公司
经　　　销	新华书店
开　　　本	710毫米×1000毫米　1/16
印　　　张	13.5
插　　　页	2
字　　　数	200千字
版次印次	2019年6月第1版　2019年6月第1次印刷
定　　　价	68.00元

序　一

光阴荏苒，距国务院国资委持续推动中央企业履行社会责任已整整十年。作者参加工作的2008年，正是《关于中央企业履行社会责任的指导意见》发布之时，这个时间点也被社会广泛认为是中央企业全面系统深入推进社会责任的重要节点。

作者2008年入职某央企的第一个工作岗位就是社会责任管理。这十年，作者见证了所在中央企业，以及整个央企社会责任管理的进步与发展，也始终关心国内、国际企业履行社会责任的最新情况。可以说，这本书源于作者的工作思考，既是一本学术著作，又是一本能够在一定程度上反映现实、指导现实的参考书。

本书创新性地探索了员工责任，并将其区分为硬责任、软责任、道德责任，并着重研究了不同责任维度与消费者响应之间的传导机制，并对国企、民企、外企在这种传导过程中的差异进行了比较分析。

我国国有企业基于所有制特性，从诞生之日起承担了广泛的社会责任，并在改革发展中不断调整、完善、充实履行社会责任的具体内容及其方式方法；改革开放以来，大举投资中国的跨国公司将国际企业社会责任理念和实践传导到我国；伴随改革开放发展壮大的民营企业，也在履行员工社会责任方面取得了长足进步。

作为国企国资研究同行，借此机会，概述一下国有企业，尤其是中央企业履行的社会责任。作为共和国长子，中央企业以高度的政治责任感和历史使命感，在国家战略、国防安全、国计民生等领域，自觉担当，勇挑重担，为经济社会持续健康发展作出了重大贡献，这种与生俱来的责任感，使其在中国企业社会责任领域走在了前列，主要体现在以下方面：

一是国民经济的顶梁柱。中央企业提供了大量基础能源，生产了大量公共产品，建设了一大批重大工程项目，承担了一系列国家高精尖科技创新项目，在优化产业结构、培育增长动能等方面发挥了不可替代的重要作用。截至2017年，全国国有企业资产总额达到183.5万亿元；近五年来仅中央企业上缴税费达到10.3万亿元，有效提升了国家在民生领域的转移支付能力。

二是人民安居乐业的定心丸。在全国人民抗击自然灾害的斗争中，中央企业在抢修道路交通、保障供电和通信、运输和供应战略物资、倡导企业志愿者服务以及捐款捐物等方面调动有力、行动坚决，为救灾抢险、恢复重建作出了重要贡献。

三是脱贫攻坚的主力军。在参与定点扶贫的300多家中央单位中，中央企业占了将近1/3，中央企业结对帮扶的246个国家扶贫开发工作重点县，占全国592个扶贫开发工作重点县的42%。据不完全统计，党的十八大以来，中央企业投入定点扶贫资金超过了75亿元；不仅如此，很多中央企业的主业就是紧密联系"三农"、解决"三农"问题的主力军。

四是科技创新的先行者。科技是国之利器，近年来国有企业特别是中央企业瞄准中高端、全力谋转型，不断打通创新的血脉，截至2017年年底，央企共搭建各类创新平台近千个，成立各类创新发展基金两百多只。

五是美丽中国的建设者。中央企业不断建立健全节能减排长效机制，不断优化能源结构，资源节约和环境友好的产业格局逐步形成。截至2017年年底，中央企业万元产值综合能耗（可比价）比"十二五"末下降约6.6%，超过国家"十三五"目标进度要求。

六是海外履责的排头兵。国有企业在海外坚持负责任经营,过去五年来,中央企业在"一带一路"沿线承担了三千一百多个基础设施建设及供应任务,积极投身于当地公益慈善事业,不断造福各国人民。

国企有这样的担当,应该得到人民更多的理解和支持。当前,我国正处于决胜全面建成小康社会,开启全面建设社会主义现代化国家新征程的历史时期。作者的这本专著,可以说由小见大,聚焦了"以人为本",关注企业在实现人民对美好生活的向往中应该发挥的作用和应该承担的责任。"一花独放不是春,百花齐放春满园。"在新时代,国企、民企都应更加积极履行社会责任,不断提高履行社会责任的能力和水平,共同汇聚起中国经济的巨大能量!

是为序。

李明星

国务院国资委研究中心党委书记、主任

2018年10月1日

序　二

孟子有云："穷则独善其身，达则兼济天下。"我国公司法也明确规定："公司从事经营活动，必须遵守法律、行政法规，遵守社会公德、商业道德，诚实守信，接受政府和社会公众的监督，承担社会责任。"可见，无论传统道义还是法律法规，都要求企业承担社会责任。

近年来，我的学生聚焦于营销学视角下的企业社会责任研究。之前的研究已经证实了承担企业社会责任有益于促使企业品牌影响力的提升，即企业承担社会责任能够以较低的成本给企业带来良好的市场响应，带动品牌影响力的提升。对于企业外部而言，企业负责任行为可以向公众展示企业公民的形象，从而提升企业的声誉，吸引更多的顾客购买；对于企业内部而言，由于企业善待利益相关者，从而使员工、股东都各自获益。

在前人研究的基础上，作者进一步细化了研究主题并加深了研究难度。第一，重新定义了中国情境下基于营销学视角的"员工责任"，并借以探寻企业内部的员工责任对企业外部的消费者会产生怎样的影响，同时找出了这种影响和传导机制的重要中介因子"组织公民行为"。第二，因为企业内部责任涉及人的研究，作者又引入了研究变量"道德认同"。第三，由于涉及企业外部消费者的感知，作者在研究中还考量了不同"企业类型"对整个传导机制会产生怎样的影响。可以说，该书对以往研究的进一步深化不仅有学术价值，也有实践意义。

　　在今天,中国企业已经成为构建和谐社会、满足人民群众追求美好生活的中坚力量。尤其近些年互联网经济的快速发展,优秀的智力人才成为企业当之无愧的最重要资源。企业如何履行好企业内部社会责任也随之成为企业社会责任领域的最重要议题。相信本书能给企业管理者、社会责任从业者一定的管理启示。

　　责任是使命,更是动力! 期待在研究者、实践者等的共同推动下,中国企业能因践行企业内部社会责任和外部社会责任而获得快速发展、和谐发展、持续发展。

刘凤军

中国人民大学市场营销系教授

2018年10月

序　三

　　或许这是一个有违传统序言的序。大凡新书问世，常人都会邀请"位高权重"之名流作序，但是作者一定要我来写。我想可能因为，这本书的面世，在一定程度上也是我们十年共同成长的一个见证。

　　2008年，中国社科院经济学部企业社会责任研究中心成立，我当时还是中国社科院研究生院的在读博士，有幸作为该中心的创始人之一，投入到企业社会责任的研究工作中。也就是在这一年，我与丽丹因社会责任结缘。当时中央企业编制社会责任的报告寥寥，中钢集团作为先行者启动了社会责任报告编写工作，并邀请了几位外部专家对报告进行指导，丽丹作为中钢报告编写组的骨干之一，与我们一起讨论、优化社会责任信息披露的要点，当时确定的中钢社会责任模型和报告框架公司延用至今。在这初次合作中，我们因为年龄相仿、性情相投有种情投意合的感觉，项目结束后也一直保持着联系。虽已过去十年，我还记得初见丽丹时，她那灵动的眼睛、甜美的笑容，俨然一个聪明漂亮的大家闺秀。

　　中钢集团首份社会责任报告发布后不久，又率先发布了非洲报告、澳洲报告，全面披露在海外履行社会责任的行动和成效，丽丹依然是报告编写组的骨干。我想正是在报告编制过程中，丽丹对企业社会责任加深了理解，也产生了初步的热情。2010年，中国石化组织社会责任专家、媒体、兄弟央企调研海拔最高的援藏小学——中国石化班戈援藏小学，我和丽丹都参加了此次活动，我们在海拔4700米的高原深切感受着央企切实的社会责任，友情也在美景和畅谈中加深。

这几年中，中央企业的社会责任工作在国务院国资委的推进下发展迅猛，央企纷纷建立社会责任工作的领导机构、明确社会责任工作的主管部门、发布社会责任报告。中国社科院经济学部企业社会责任研究中心承接了国资委的多项研究课题，我也作为主要研究人员参与其中，比如构建了企业社会责任管理体系，对央企社会责任工作发挥了很大的指导作用。而这一时期的丽丹，作为中钢集团社会责任工作的主要负责人，在推动集团社会责任工作中，对企业社会责任如何在公司真正落地，如何有益于公司的发展有了更多的思考。

2013年我博士后出站，正式进入中国社科院从事科研工作，企业社会责任依然是我的主要研究方向。也在这一年，丽丹因工作调整不再负责公司的社会责任工作，之后又被借调到国务院国资委参与中央企业改革方案的研究和制定。虽然其直接的工作与社会责任无关，但在不同岗位的经历加深了她对中央企业社会责任的理解，为之后的工作和研究都打下了更为坚实基础。其间，丽丹考入中国人民大学攻读博士。这一阶段，中国企业的社会责任在发展中走向成熟，一批大企业的社会责任管理更成体系、社会责任信息披露更加规范、社会责任项目更加重视企业和社会的双赢，责任供应链、可持续消费、应对气候变化、海外社会责任等日益受到关注。

因为热爱，所以选择。丽丹在准备博士论文选题时，毫不犹豫地以她所热爱并熟悉的企业社会责任为方向，最后聚焦到员工的责任。关于从什么角度切入、如何开展实证我们还进行过几次讨论。在费尽心思撰写博士论文期间，她的工作再一次调整，进入到中国农业发展集团的下属上市公司从事战略工作，新工作的繁忙和论文写作的压力交织，可想论文的完稿多么不易。付出总有回报，她不仅顺利拿到了博士学位，其工作业绩也得到高度认可,现已升任为上市公司的董秘。得知她的升职消息,我真心地为她感到高兴。当前证监会、交易所对上市公司的社会责任日益重视,即将出台对上市公司披露环境、社会和管治信息(ESG)的新要求,想必这位新董秘与企业社会责任的缘分必定还将继续。不仅如此,作为上市公司的高管,如何让公司防范社会环境风险,以更加负责任的方式运营,也会是丽丹今后的重任。

行文至此,再说说"员工责任"这个话题本身。

最早提出国内社会责任评价指标体系的是中国社科院工业经济研究所,但是这个指标体系更侧重于指导实践。从这个指标体系可以看出,企业社会责任中的利益相关方那么多,每一个都可以作为单独研究的对象,可作者为什么选了员工?我们可以把经典的电影台词再复述一遍:"21世纪什么最重要?人才!"新时代,当科技成为生产力的时候,人则成为驱动科技进步的动力源。如果企业不够重视员工责任,不够重视如何满足员工的需求,那么企业的可持续发展真的无从谈起。

丽丹基于工作中的观察,将"员工"这个利益相关方中最重要的一方,作为单独的研究对象,结合心理学和营销相关理论,重新定义了中国情境下的"员工责任",即硬责任、软责任和道德责任。这种分类方式不仅在学术上具有创新性,而且在管理实践中也会有较好的应用性。企业可以在一定程度上对照每一个维度,不断实施管理改进和优化。

不仅如此,丽丹还通过研究,告诉企业管理者,如何将企业对员工的责任有效传导到消费者一端。让管理者不再为给员工"花钱"心疼,因为当管理者知道了传导路径后,会明白对员工的付出,其实也是企业自身品牌提升、能力提升的过程,消费者会认可这种企业行为,也会为其"埋单"。总之,这本书既可以作为学术研究的参考书,又可以作为CSR同人做员工管理的参考书。

时光荏苒,从初见丽丹到今日已经十年有余,有这么一个共同成长的伙伴是人生一大幸事。衷心希望下一个十年,我们对企业社会责任的感悟再次升华,我们的友谊长存。

张 蒽

中国社科院社会发展战略研究院副研究员

2018年秋

目录
CONTENTS

前　言

作为市场经济的微观基础,企业是推动社会进步的重要力量。随着中国企业在社会经济体系中地位和影响力的不断提升,社会对企业有了更多、更高的期待,期望企业在做好自身经营发展的同时,能够承担起与其经济地位相对应的社会责任;期望企业在维护好利益相关者利益的同时,能够进一步提升整个社会的福利水平。特别值得注意的是,在知识经济时代的今天,员工的全面发展是企业可持续发展的基础,人力资本对企业成功的重要性日益显著,企业对员工的关爱已经成为企业履行社会责任的重要内容。但是企业对员工责任如何重新定义,对不同员工责任维度的投入,如何从企业的内部有效传导给企业外部的消费者,消费者对企业承担较好的员工责任是不是"买账"?

为厘清这一问题的复杂机理,本书在现有研究基础上,以社会交换理论、心理契约理论、道德认同理论为基础,用结构方程模型、跨层研究的方法,在重新定义员工责任后,构建起了企业承担员工社会责任——员工组织公民行为——消费者响应的跨层次理论模型,并引入了员工道德身份认同作为个体特征变量,深入研究其在中国情境下的影响作用。

本书的预调研选择便利抽样的方式进行,我们向80家服务类企业发放了1040份员工、消费者两类问卷。其中员工部分回收问卷288份,消费者部分回收640份,回收率89%。随后根据预调研分析纯化后的调查问卷实施正式调研。正式调研耗时两年,共向133家企业发放了2660份问卷,其中企业层面的员工数据样本为560份,消费者层面的数据为1377份。通过共同方法偏差检验、信度检验和效度检验后,发现本书大样本数据具有一定的代表性,数据结构稳定,问卷质量可靠。随后据此对本书模型的10个假设逐一进行验证分析,相应结论简述如下:

第一,企业承担员工社会责任对消费者跨层次响应的机制得到了支持。本书对中国情境下的企业承担员工社会责任进行了"硬责任""软责任"两个维度划分;消费者响应则采用购买意愿、推荐意愿两个外在响应维度。结果显示,企业承担"软责任""硬责任"对消费者购买意愿都具有显著的正向跨层影响;同时,"软责任"对消费者推荐意愿也具有显著的正向影响。但是"硬责任"对消费者的推荐意愿尽管为正,但是影响作用不显著。

第二,组织公民行为对企业承担员工"软责任"与消费者响应之间存在跨层中介作用。组织公民行为是一种超越工作本身,且有利于提升组织效率的行为。本书构建了中国情境下面向消费者的组织公民行为三维度量表,分别考量了公司认同、利他主义、责任意识对消费者响应的跨层次中介作用。当组织公民行为的三个变量分别加入主效应后,企业对员工软责任与消费者购买意愿、推荐意愿的系数都显著降低,起到了中介作用。但在"硬责任"与消费者响应的关系上没有发生改变,说明在企业的员工"硬责任"与消费者响应的关系上,员工的组织公民行为未起到中介作用。

第三,企业对员工社会责任的"软责任""硬责任"与员工组织公民行为之间关系差异较大。文献综述显示,大多数研究认为企业社会责任与员工组织公民行为正相关。但是当本书聚焦到企业内部社会责任,深入分析企业承担员工社会责任两个维度与员工组织公民行为的关系时,发现"硬责任"对组织公民行为的影响并不显著,甚至对员工利他行为、责任意识具有负向影响,而"软责任"对组织公民行为各维度的正向影响非常显著。

第四，员工道德身份认同（moral identity）的作用机制复杂。本书将道德身份认同分为内化（internalization）、外显（symbolization）两个维度。研究发现，员工内化道德身份认同在员工"软责任"与组织公民行为之间存在显著的中介作用，但是在"硬责任"维度上并不具有显著的中介作用。本书同时考察了员工外显的道德身份认同对员工责任与组织公民行为之间的调节作用，只有在"软责任"与组织公民行为中的"责任意识"之间存在显著的正向调节作用。

第五，企业所有制类型对主效应的调节作用部分显著。从本书的结果来看，在跨层分析时引入所有制类型变量对消费者响应的影响并没有完全达到显著的水平。民营企业在员工"软责任"与消费者响应的关系上，尽管未达到显著性水平，但却高出国有企业、外资企业，在某种程度上说明消费者会因为目标企业是民营企业而做出更高的响应。值得注意的是，外资企业却因为其外资资本的性质，使其员工"硬责任"与消费者推荐意愿的关系在P<0.05水平，显著地高于国有企业、民营企业。

本书的创新之处主要体现在：

第一，重新界定了市场营销视角下我国企业承担员工社会责任的内涵与维度，完善了中国情境下的相应测量量表，充实了企业社会责任——员工责任的相关理论。之前营销领域研究企业社会责任都是"大而全"的，没有深入研究每一层次、每一维度的社会责任对消费者响应究竟有何影响、传导机制有何不同。本书选取企业对员工内部社会责任这一具体领域，深入考量了企业对员工社会责任的内涵与维度，提供了中国情境下的实证研究支持。

第二，基于社会交换理论和心理契约理论构建了从企业承担内部员工社会责任到组织公民行为，再到外部消费者响应的跨层传导机制的整体研究框架，弥补了从内部责任到外部响应跨层研究的"缺口"。本书从企业承担员工内部责任的视角出发，重点关注组织公民行为在员工责任与消费者响应之间的跨层中介机制，从而更清晰地解释为什么企业承担好员工责任可以有效促进消费者购买，提高企业经营效益的复杂作用路径。

第三，基于道德身份认同的概念与构成，验证了员工的内在道德认同与组织公民行为之间存在部分中介作用，外显道德认同对员工责任意识调节作用，初步厘清了个体道德认同导致行为变化的内在机理，拓展了中国情境下的道德认同理论。考虑到已有研究很少考虑道德认同这一心理反应对个体行为的影响，本书以此作为重要创新点，深度解析员工层面的个体道德认同对其行为变化的影响路径，以求在理论上还原个体行为变化的内在原因与真实轨迹。

第四，在研究方法上采用了跨层次数据收集与分析，减小了测量误差，更加科学地探寻由企业内到企业外完整复杂的传导机理。本书涉及企业内部员工社会责任与企业外部消费者响应之间的互动传导机制，为了更加科学地探寻这一过程，我们在统计方法上创新地采用了跨层次分析的研究方法，这在一定程度上打破了过去研究停留在单一层面的局限性，较好地规避了单一层次研究可能导致的对多层次作用关系的测量误差。

第一章
绪　论

一、研究背景

　　作为市场经济的微观基础,企业是推动社会进步的重要力量。在过去的数个世纪里,企业改写了人与人相处的秩序、国与国竞争的规则,在取得巨大经济利益的同时,也为社会创造了巨大的物质财富,极大地提升了国家经济实力,促进着社会不断向前发展。2009年,全球81%的人口在企业中工作,企业占据了全球经济总量的90%,创造了全球生产总值的94%。在全球100大经济体中,51个是企业,49个是国家,企业在社会经济中的地位可见一斑。随着中国加入WTO,中国企业在全球的影响力不断提升。2015年《财富》世界500强中,中国上榜企业数量达到106家,占21.2%,排在美国之后位列第二。从2002年到2015年,中国上榜企业数量连年递增,平均每年增加7家。按这个增速,中国上榜企业数量有望在全面建成小康社会的

2020年赶超美国，跃居世界第一。①

随着中国企业在社会经济体系中的地位和影响力不断提升，社会对企业有了更多更高的期待，期望企业在做好自身经营发展的同时，能够承担起与其经济地位相对应的社会责任；期望企业在维护好利益相关者利益的同时，能够进一步提升整个社会的福利水平。中国企业的力量越强大，社会各界就越希望中国企业在人权、环境、社会可持续发展方面承担起更多的责任。在现代社会中，可以说企业履行社会责任的绩效水平，不仅会影响消费者的选择，更是与企业的可持续发展直接挂钩。

特别值得注意的是，在知识经济时代的今天，员工的全面发展是企业可持续发展的基础，人力资本成为企业成功的最核心要素之一。因此，企业对员工的社会责任成为评价企业整体社会责任（CSR）表现的重要内容。ISO26000于2010年11月正式颁布，作为首个国际社会责任指南标准有2/7的核心议题直接涉及到员工权益，包括人权、劳工管理两个部分，这足以见得国际社会对企业承担员工责任的重视程度之高。但是企业对员工社会责任的投入，如何有效地"从内而外"传导，消费者对企业承担较好的员工责任是不是"买账"？上述思考引发了作者对本研究的兴趣。

（一）现实背景

企业作为最重要的市场经济微观基础，随着经济社会发展，开始掌控越来越多的生产资料，发挥越来越大的主导作用。权利与责任从来都是相伴相生，企业也开始关注自身经济利益与自然环境、社会发展的协调统一，唯有向"共生"境界不断迈进，才能实现可持续发展。"共生"要求企业处理好与员工、客户、政府、自然等利益相关方的关系，从而实现和谐发展。

---

① 俞力峰、丁少中：《世界500强新榜单的八点启示》，《调查与研究》2015年第3期。

目前,企业社会责任的国际标准和规范超过四百多项,越来越多的跨国公司声明将自觉遵守这些标准和规范。同时,越来越多的媒体作为第三方,推动并督促企业更好地承担社会责任。跨国公司在内外部的共同压力下,不仅提高对自身履责能力的要求,同时开始利用在"商品链"中的主导地位制定了各式各样的生产守则,要求上下游厂商必须关注劳工权利、环保要求等,树立起良好的企业形象,赢得消费者的信任,最终实现名利双收。

国际上至今还存在因"劳动倾销"而"抵制中国制造"的声音,尤其是传统的制造业领域,认为中国作为发展中国家劳工标准过低,以损害劳动者权益为代价,压低劳动力成本。国际消费者对"中国制造"不认可,对我国制造业出口贸易造成了严重影响,相关企业承受了巨大的经营压力。从20世纪90年代以来,国际消费者针对中国外贸企业的"工厂守则",敦促中国企业尊重劳工权益及人权标准等。以纺织业为代表的大型跨国公司还聘请专门机构定期对国内代工厂进行严格的监督检查。来自国际社会的外部压力,客观上要求中国企业必须成为负责任的企业,首先要承担好对员工的责任,才能赢得国际市场的认可,在全球竞争中脱颖而出。

我国企业承担员工社会责任问题集中表现为劳资纠纷不断、管理机械冷酷、缺乏人文关怀。比如,深圳华龙基地作为台湾富士康科技集团在内地13个生产基地之一,从2010年1月第一名员工跳楼自杀开始,到当年11月发生"15连跳",在全国产生了巨大负面影响,也将富士康推到了舆论的风口浪尖。尽管员工跳楼的因素是多方面的,但是企业在管理上并未真正以人为本,超时"自愿加班"、人与人之间冷漠无情、高强度的单调机械性工作等,使得员工成了机器的附属品。这种不稳定、不规律、缺乏企业人文关怀的管理模式所造成的心理及精神压力是员工自杀的重要因素之一。事后,虽然郭台铭做出了"鞠躬道歉"及很多补偿举措,例如请心理医

重新定义员工责任

生为员工解答心理问题、为员工宿舍拉防护网、从2010年6月1日到6月6日两次宣布加薪,但是很可惜,企业仍然不能摆脱员工跳楼的梦魇,更是无法洗脱"血汗工厂"的嫌疑。由于企业员工责任的缺失,最终导致富士康多年积累起来的低成本品牌优势消失,给企业形象造成了极为严重的损害。

再来看看海底捞的成功案例。海底捞公司不大,却是很多千亿级公司的学习对象,例如华为、小米、乐视等企业要求员工学习海底捞的服务,其实更重要的是学习如何让员工死心塌地为公司工作,而且能让企业在内部承担的员工责任通过有效的方式传导到消费者一端,形成有效购买,达到企业、员工、消费者的多方共赢。

《海底捞你学不会》一书用一个个生动的案例穿起了整个海底捞对员工的责任故事。归纳起来,海底捞承担的员工责任主要有以下方面:一是超出平均水平的员工待遇。待遇不仅仅是钱的问题。且不说海底捞为员工提供的工资待遇已经是同行业领先,而且对比大多数餐饮行业的服务员,住的是地下室,海底捞员工宿舍是有物业管理的较好小区,房间有电脑,做饭洗衣有家政,这为大多数员工解决了后顾之忧。二是无微不至的员工培训。工作技能培训是大多数企业的必修课,而海底捞不仅培训员工的工作技能,对于新员工还包括如何使用ATM机、如何坐地铁等生活培训,这对于初入城市的新员工融入城市生活、找到归属感有很大帮助。三是公平且具有客户导向的管理决策。餐饮行业的关键绩效指标法(KPI)通常关注利润率、营业额、翻台率等指标,但是海底捞考核客户满意度、员工积极性、干部培养三个指标。他们认为这才是服务企业应有的内容,而一切利润都是附加的、随之而来的。同时,海底捞给了每个员工公平成长的平台,只要为企业付出得多,得到得就一定不会少。海底捞有"嫁妆"的说法,只要店长为企业服务超过一年以上,如果离职,就给8万元的"嫁妆"。这种特殊承诺反而成为员工忠诚的源泉之一。四是将员工视为企业可持续发展的源泉。海底捞对员工的尊重、授权都是其他餐饮企业不可想象的。海底捞的任何一名服务员都有权给任何一桌客人免单,送菜、送东西之类的就更不在话下了。这种企业主人的被尊重感是海底捞优质服务的动力源。

由上述两个正反典型案例可以看出,企业承担员工社会责任意义重大。员工责任担当有利于提高企业自身竞争力,有利于企业赢得良好的品牌效益,有利于企业吸引和留住优秀员工、顾客、投资者等,从而实现基业长青,这是实现可持续发展的必然要求。"三期叠加"背景下,中国企业面临日益剧增的外部压力,特别是随着中国经济发展进入新常态以及人口拐点的到来,最终将丧失低价劳动力的比较优势。这就在客观上要求中国企业必须有效地履行社会责任,以人为本,追求有质量、有效益、可持续的内涵式发展,才能在市场竞争中生存下来。总之,只有当市场的力量回馈企业时,企业才会更加自觉自愿地采取承担社会责任的行动,也就是说消费者的选择是企业社会责任最有力的拉动。如何有效实现企业对员工责任担当的外溢,这正是本书的实践意义所在。

(二)理论背景

近几十年来,国内外学术界的热点议题之一就是企业社会责任方面的研究(Sen and Bhattacharya,2001)。社会责任正逐渐成为商业实践的关注对象(Cramer et al.,2004)。越来越多的研究者研究发现,CSR对公司形象、消费者偏好有正面影响(Sen and Bhattacharya,2001);也有学者研究发现,成为良好的企业公民,有助于公司降低经营风险,避免消费者抵制的可能性(Luo and Bhattacharya,2009;Vogel,2005)。企业实施社会责任战略,积极投身于社会责任事业中,以期获得更好的消费者响应(Becker-Olsen et al.,2006;Ricks,2005)。而几乎所有的社会责任问题的研究中,必然包括"员工"部分,员工作为企业最重要的利益相关方,被学术界、实践中列为最重要的研究对象之一。然而,鲜有文献对企业的员工责任与消费者响应的关系进行深入系统研究。

企业社会责任对消费者选择产生的影响,已成为企业重要的决策因素(Bhattacharya and Sen,2004)。Bhattacharya(2003)研究成果显示企业社会责任方面的领先优势是提升顾客和员工认同的有力工具,会给公司带来难以定量描述的潜在价值。但是该研究一是未进行定量研究,二是没有提出企业社会责任对员工认同、对顾客认同之间的传导机制与理论框架。Lois A. Mohr(2005)等学者将企业社会责任与消费者对产品的反应直接联系起来,认为企业社会责任可以增加产品价值。有学者在此基础上引入认同显著性①(Identity salience)作为调节变量来试图深度解释消费者对企业社会责任反应产生差异的原因(Longinos et al.,2008),认为由于认同显著性的存在,导致消费者对企业社会责任的反应呈现或有或无的状态。但是该研究仅从消费者个体层面进行,没有探讨企业内部社会责任的外溢,以及传导机制。

学术界关于消费者对企业社会责任的反应机制的研究已经开始逐步增多(Rafael et al.,2009)。然而针对消费者–员工社会责任之间的专门研究在学术界可谓稀缺,显然需要有更加细致和清晰的理论框架为其提供新的研究视角和理论基础。

近年来,中国国情下的企业社会责任的研究也逐步丰富起来,但相关的实证研究还远远不够,更少有针对员工社会责任的实证研究。因此,本书结合员工、消费者两个角度,深入研究员工社会责任的外部传导机制,对于充实中国情境下的社会责任研究理论非常有必要,对完善企业社会责任策略,尤其是可以为员工社会责任的管理政策制定及其对消费者的

---

① 其主要是指个体从关系营销获得社会利益的显著程度(Arnett et al.,2003)。

影响预判提供理论依据,具有很强的实践价值和理论创新性。

（三）研究问题的提出

企业社会责任自西方兴起,从最初的一种运动热潮,逐步演变为一种管理理念、管理方式、管理手段。自2006年国家电网率先发布《社会责任报告》以来,越来越多的中国企业开始以更加积极的态度加入这一管理变革之中,迄今,几乎所有的上市公司都发布了社会责任方面的沟通报告;2008年自国务院国资委颁布社会责任1号文件开始,所有中央企业每年都发布CSR报告;部分外资企业还发布了专门针对中国市场的CSR报告。从报告内容看,仅就企业对员工的社会责任而言,各个企业的表现良莠不齐。从消费者反应看, 有的企业因良好的员工社会责任表现而增加了品牌影响力和赢利能力,有的企业却收到了南辕北辙的效果。在企业承担员工社会责任与消费者响应之间是否存在某种潜在的作用传导机制? 以及面对内容繁多的员工社会责任, 企业如何选择优先级以及以何种方式进行员工社会责任投资,才能得到消费者的认可,从而获得竞争优势? 对于上述问题的回答,不仅是善因营销学者、组织行为学者关心的课题,也是企业管理者在营销管理实践中关注的实际问题。

现有研究发现, 消费者对企业社会责任的反应要比以前认为的复杂得多(Vlachos et al.,2009),对企业社会责任活动的反应在消费者中间存在显著的差异(Bhattacharya and Sen,2004),消费者对企业从事的企业社会责任活动的反应并不是简单的刺激 （CSR活动信息)→反应(积极的消费者反应,如正面的口碑传播、品牌忠诚等)条件反射范式。那么消费者对企业承担员工社会责任的关注点究竟在哪些方面? 企业承担员工社会责任的哪些方面可以引起消费者的积极响应?

另一方面,根据认知理论(Cognitive Theory)的观点,作为复杂问题解决者的消费者,其反应是对企业的企业社会责任相关信息(行为—过程—结果)处理后的复杂认知结果,在这个过程中消费者会根据已有的经验与知识对企业从事企业社会责任活动的动机、真(伪)善做出因果归因与判断,并在此基础上做出相应反应。但特定的企业社会责任行为在何时、如何及对谁有效却还不知道(Sen and Bhattacharya,2001)。更为重要的是,现有研究中对消费者个人特质在企业社会责任感知方面的研究还远远不够,就这一领域内所有的理论和实践努力而言,还没有清晰具体的机制来描述这一现象并为这一现象提供辩护(Godfrey,2005),还不清楚企业社会责任行为在何时以何种方式影响消费者的评价(Yoon,2003)。本书将引入道德认同(moral identity)的构念,对消费者个人特质进行深入研究,以验证其对企业社会责任感知,尤其是对员工社会责任感知的影响。

同时,Goffman(1997)指出,在探究任何涉及互动关系的全部社会性数据(Social Data)时,个人不仅可鉴别现有有形和可感知的方面,而且也会识别与互动相关者的意图、动机及情感等。因此,我们可以判断:员工,作为企业与消费者之间重要的相关联系者,会起到非常重要的传导作用。那么在员工的内在感受与外在表现之间,以及员工与消费者的响应之间存在怎样的关系? 尚未有研究证明企业承担员工社会责任与消费者响应之间存在怎样的传导机制,员工的组织公民行为会不会作为桥梁将企业承担员工社会责任和消费者的外在响应连接起来也有待探索。

因而,无论是从企业管理实践还是理论发展的需要上,都有必要在现有研究基础上对员工、消费者的微观层面进行深入研究,以探索和厘清员工、消费者做出不同反应的内在心理机制及其影响因素,以帮助企业在履行员工社会责任的同时能够更好理解消费者做出行为响应背后的心理机制,从而做出合理的管理决策,实现企业履行员工社会责任→赢得员工信任与满意→更多的员工组织公民行为→消费者的积极响应的良性正向循环。

综上所述，在企业承担员工社会责任与消费者外在响应之间存在怎样的因果传导机制？这种机制作用机理如何以及受到何种因素的影响？本书试图对上述问题进行有意义的解答。

二、研究范围与研究意义

（一）研究范围界定

基于上述研究背景，笔者希望通过理论回顾和分析，在社会交换理论、心理契约理论、道德认同理论基础上，用跨层研究的方法，深入分析企业承担员工社会责任的外部效应，特别是对消费者响应的传导机制，以及构建员工的道德身份认同对传导机制的影响机理模型。界定企业承担员工社会责任的具体内涵，并进一步归纳与验证中国情境下企业承担员工责任的具体维度，分析不同维度对消费者做出响应的影响差异，揭示员工、消费者个体在整个传导机制之间的复杂心理活动过程，分析国有企业、民营企业、外资企业等不同的所有制企业在承担员工责任方面的差异，以及研究消费者响应程度是否存在不同，从而更好地、有针对性地为不同类型企业承担员工社会责任提出管理建议，分类管理员工、消费者预期，进一步提升消费者购买力，增强企业品牌影响力。本书的概念性框架如图1-1所示。

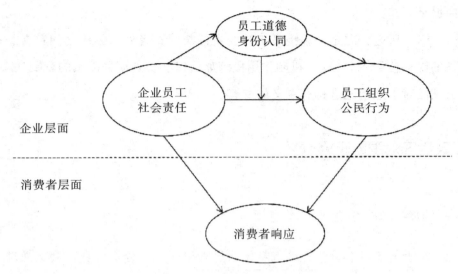

图1-1　研究概念框架图

1. 企业承担员工社会责任的内涵、维度研究

探索中国情境下企业承担员工社会责任的内涵、维度、测量量表等，同时，探索国有企业、民营企业、外资企业在员工社会责任表现方面的差异。基于对国内外企业社会责任研究中针对员工责任的部分以及相关文献的梳理，界定企业承担员工社会责任的概念及其维度。测量量表在借鉴现有相关变量的成熟量表基础上，结合国外最新文献研究成果，以及调研等编制而成，并通过实证研究验证其维度划分的合理性以及量表的信度与效度。

2. 员工组织公民行为在服务营销中的中介作用研究

在人力资源管理领域，研究认为，高员工满意、高员工心理契约有助于形成员工超过劳动契约本身的利他行为，即组织公民行为（Organ and Ryan，1995；Rousseau，1995，1999）。在关系营销领域，很多研究表明员工的组织公民行为（Organizational citizenship behacior）对顾客满意、顾客忠诚、组织绩效具有正向影响作用（Reichheld，1996；Reynolds and Beatty，1999；Podsakoff and Mackenzie,1997）。本书将从企业社会责任的角度引入员工的组织公民行为，考量其具有对外传导性的某些维度在企业承担员工社会责任与消费者响应之间的中介作用。

3. 道德身份认同调节机制研究

关于道德身份认同的研究,国外心理学、管理学领域刚刚起步,国内研究可查文献凤毛麟角。本书将引入该构念,深入研究其对员工行为机制的复杂影响作用。由于已有研究认为个体认同（Gu and Morrison,2009；Oyserman,2009）和信念（Sen and Bhattacharya,2001；Wagner et al.,2009）将影响个体的行为认知,进而影响个人的判断、选择、行为与表现,人总是渴求被认同的,所谓"人生得一知己,死而无憾"描述的就是这一渴求被满足时的快感。而每个个体都有多个身份,基于整个心理图示中最重要的认同将显著影响个体的行为表现（Karl Aquino,Americus Reed II,2003）。因此,本书试图在文献梳理的基础上,首先探讨员工个体层面,道德身份认同在企业承担员工社会责任与组织公民行为之间关系的作用,并对其作用做出实证验证。

4. 影响消费者响应的其他因素的研究

本书还将探讨员工、消费者的其他个人特征变量（如性别、年龄、学历、收入等）在企业承担员工责任与消费者响应机制之间的存在一定的作用,特别是研究不同产权类型（国有、外资、民营）企业在承担员工责任方面的特点与差异,并检验该变量对主效应是否有影响。在以上研究的基础上,更好地提出具有针对性的管理建议,提高员工满意度与消费者满意。

(二)研究目的

基于上文对研究内容和范围的界定,本书主要有以下五点研究目的:

第一,界定营销视角下我国企业承担员工企业社会责任的内涵与维度。当前营销领域对企业社会责任的研究大多以利益相关方的视角,探讨整个社会责任体系对消费者、品牌等的影响,研究"大而全",仅针对CSR某一具体方面对消费者影响的研究少之又少。因此,本书拟以界定企业承担员工社会责任的内涵与维度为起点,探索其对消费者响应的影响。

第二,研究员工组织公民行为对消费者响应的跨层中介机制。从企业承担员工责任的视角出发,考察组织公民行为在员工责任与消费者响应之间的跨层中介机制,从而更清晰地解释为什么企业承担好员工责任可以有效促进消费者购买,提高企业经营效益的复杂作用路径。

第三,探索道德身份认同导致行为变化的内在机理。考虑到已有研究很少考虑道德认同这一心理反应对个体行为的影响,本书将以此作为重要创新点,深度解析员工、消费者两个层面的个体道德认同对其行为变化的影响路径,以求在理论上还原员工、消费者行为变化的内在原因与真实轨迹。

第四,寻求符合理论基础的由内而外传导机理。借鉴心理契约理论与社会交换理论,探索研究企业内部重要的利益相关方——"员工"与企业外部重要的利益相关方——"消费者"之间跨层互动传导机制。

第五,提出更具针对性的管理建议。本书将探索国有企业、民营企业、外资企业等不同产权类型企业员工社会责任绩效差异,以及该差异对消费者响应的具体影响因子大小;同时研究企业承担员工责任的不同维度对消费者响应的影响的差异。基于此,为企业更好地、更有针对性地承担员工责任提出管理建议,为帮助企业建立科学有效的员工社会责任管理体系提供理论支持。

(三)研究意义

本书是对中国情境下CSR体系的完善,聚焦消费者视野中员工社会责任体系的构成,构建从企业内员工到企业外消费者的跨层传导机制模型,为企业制定企业对员工社会责任策略,以及应对消费者响应的相关关系提供了理论依据,具有一定的创新性与管理实践性。综合研究背景、研究范围及研究目的,本书的价值如下:

1. 理论意义

(1)构建企业–消费者跨层研究模型。以研究企业承担员工社会责任为起点,通过深入探讨不同维度的员工社会责任如何影响消费者行为的外在产出,为企业内部员工社会责任行为与外部消费者的外在产出搭建一个因果解释桥梁,这是对企业社会责任与善因营销相关理论从宏观层面向微观层面、从外在产出向内在产出、从操作层向理论层的推进。

(2)尝试对企业承担员工社会责任进行更清晰的概念界定与维度构建。在原有企业社会责任评价量表的基础上,提炼与员工社会责任相关的测项,结合最新的研究成果,改良形成新的员工社会责任测量量表,并完成相关信度、效度的检验,为企业管理员工行为与消费者响应之间找到更科学精确的因变量,从而为营销视角下的企业员工社会责任提供更准确的工具支持。

(3)引入道德身份认同的研究。道德理论被广泛运用于认知心理学、教育心理学等研究中,在营销管理、社会责任研究领域的应用还处于起步阶段。本书应用道德认同、道德发展理论的分析框架及量表,探索员工、消费者两个层面的道德认同对行为产生影响的内在机理,为考察员工行为、消费者响应的相关研究提供了全新的理论视角。

(4)深入研究国企、民企、外企对员工社会责任绩效表现的差异,以及对消费者响应的差异。打破以往对企业社会责任的研究"大而全"的范式。本书将对比分析不同所有制类型企业的员工社会责任表现,以及考量企业类型不同是否会对消费者响应产生影响,并探寻其原因,从而为企业提供应对策略提供选择集。

2. 现实意义

从宏观上讲,企业的竞争逐渐从有形资源领域扩展到无形价值领域,从企业的长远发展来看,更好地实施员工社会责任战略,有利于保持员工忠诚,赢得社会公众尊重,提升企业品牌价值,从而实现基业长青。从参与国际竞争的角度来看,面对以劳工、人权为基础的贸易壁垒,我国企业必须积极履行员工责任,树立负责任的中国企业形象,构建新的国际竞争比较优势。

从微观上讲,企业的盈利能力是其存在的本质属性,如果不赚钱何谈承担社会责任。这就涉及到企业履行社会责任的动因问题。企业在实施员工社会责任方面的投入,究竟算"成本",还是"投资"? 哪些投入可以得到消费者的认同,让消费者用钱来为企业"投票"? 不同类型的企业在员工社会责任投入方面是否应该有所侧重? 本书将为企业解答这些现实的管理问题提供理论基础。如果本书证明了企业履行员工社会责任将对消费者响应具有显著的积极影响,则有助于企业理解消费者做出响应的复杂传导机制,有助于企业根据自身状况制定更科学有效的员工社会责任管理政策,同时根据目标市场消费者的具体情况制定更有针对性的营销策略,通过有效的企业员工社会责任管理提高企业的品牌影响力,最终提高企业在从事社会责任行为中获得社会效益与经济效益,形成企业可持续发展的正循环。

三、研究方法与论文结构

(一)研究方法

营销管理作为管理科学的一门，是研究消费者活动规律及其应用的综合性交叉学科,在研究过程中必须了解其操作规则,否则就会出现不顾研究对象具体特点、盲目套用某些研究方法来研究复杂对象的问题。

本书遵循管理科学研究中的有效性规则、条件性规则和多样性规则,以及本书的研究对象和研究目的,采取实证研究方式对研究问题进行分析和解释。就本书而言,具体研究方法如下:

1. 文献研究法

文献研究(Literature research)是一种古老、传统的研究方法是通过全面搜集、鉴别和分析相关文献资料来挖掘事实和证据、搜寻发展趋势和规律的一种研究方法。本书在搜寻、回顾与研读大量国内外企业社会责任相关经典研究文献的基础上,通过心理学中的社会交换理论、心理契约理论分析,获得本书的主要研究内容、理论模型以及具体的测量要素和测量项目等内容。本书回顾的相关文献主要包括已经发表的国际期刊论文、中文期刊论文,可以搜索到的国内外相关学位论文、会议论文以及互联网信息。

2. 访谈法

在获得需要的测量要素和测量项目时,除了根据已有文献之外,还需要通过访谈获得相应的具体信息。本书涉及的相关概念的测量项目,在现有研究中多是在西方文化背景下提出的,只有少量测量项目在国内研究中存在。因而需要在已有研究基础上,通过访谈对已有测量项目进行增减与修缮,结合国外量表及访谈结构构建测量量表,最终形成的量表具体项目通过相关营销专家判断和筛选,以此保证具有较好的内容效度。访谈法是通过定性研究获得具体测量项目的必要手段。

3. 问卷法

在通过上述方法确定所需要测量构念的项目后,为进一步完善消费者对企业社会责任的响应、组织公民行为外部性等研究的外部效度,本书采用了问卷调研方法。问卷的发放包括三个步骤:第一步为预调查,通过少数量、分类发放问卷确定要选择的企业与消费者,继而通过少量发放问卷初步检验测量项目,将填答效果不理想的项目优化修改,如果存在问题,则需要进一步修改。第二步为发放问卷以构建测量量表。具体包括整个研究所涉及的各个变量。第三步为构建量表后的发放,主要目的在于检验各个变量之间的关系。其中,第二步和第三步可以根据具体情况合并为一个步骤,同时发放,最终将一半样本用于构建测量量表,另一半样本用于验证各个变量之间的关系。

4. 统计方法

①使用SPSSl9.0软件,以描述统计分析、探索性因子分析、CITC 分析、信度分析、数据聚合度分析、相关分析以及回归分析等方法研究变量的合理性、并对因子结构等进行验证。②使用LISREL8.80软件,运用结构方程模型方法检验因子结构的有效性,并对研究模型的拟合优度加以验证。③使用 HLM6.08 软件,运用阶层线性模型方法检验企业层面实施员工社会责任对消费者个体层面的响应之间的跨层次影响,以及组织公民行为在两者间起到的跨层次中介作用。

(二)技术路线

不同的研究由于研究目的、具体阶段使用的方法和手段虽然会有所不同,但过程和步骤基本上是一致的,如图1-2所示。

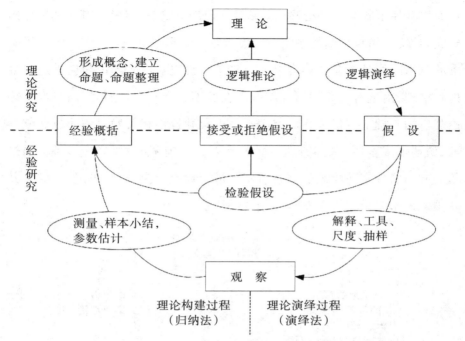

理论研究

经验研究

理论构建过程
（归纳法）

理论演绎过程
（演绎法）

图1-2 科学过程中的主要信息成分、方法控制和信息转换

资料来源：Wallace，W. L.，*The Logic of Science in Sociology*，Chicago，Aldine de Gruyter，
1971，p.18.

  美国社会学家Wallace（1971）提出的被后人称为"科学环"的社会研究
过程，为研究者提供了研究思路和逻辑。Wallace（1971）[①]用方框表示信息
成分，用椭圆表示方法控制，箭头表示信息转化，如图1-2所示。

  因而从上图可以看出，社会研究有两个入口：一是从事实出发，深入
观察、记录所发生的事实，用扎根理论等科学的方法描述事实，再找到相
关理论对事实现象进行解释并提出对未知事物的假设，上升为某种理论，

---

  ① Wallace 认为，科学环的左边意味着从观察和对观察的理解中进行归纳和理论构建，而右边
则意味着从理论出发，通过演绎，应用理论于观察中，进行理论检验。其次，科学环的上面代表着运用
归纳和演绎等逻辑方法的理论化过程；而下面一半则代表着运用研究方法所从事的经验研究过程。
换句话说，图 1-2 中的水平虚线将抽象的理论世界与经验的研究世界区分开来。

再通过其他事实对此进行验证。二是从理论出发,直接由现有的理论提出新的假设,再用观察到的事实对假设进行论证形成新的经验或理论。而本书的技术路线基本是从第二个入口着手,首先对已有理论与文献进行分析和整理,由现有理论和研究挖掘存在的不足及有待创新之处;其次在理论分析的基础上,形成本研究的理论框架并提出相关假设,通过文献整理、访谈形成本研究的调查问卷(工具),并实施调研回收数据,接着通过相应方法以现实回收来的信息对假设进行检验,最后对结论进行总结,并展望未来相关领域研究方向,如图1-3所示。

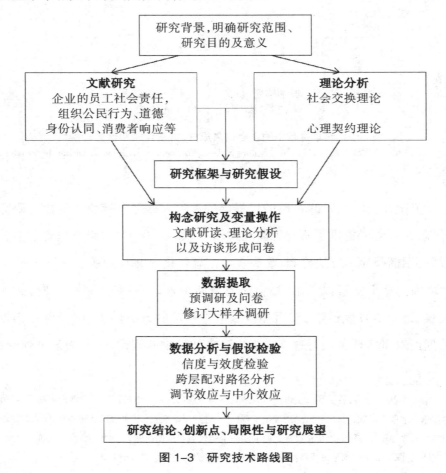

图1-3 研究技术路线图

（三）研究框架及主要内容

基于上述技术路线,本书的行文结构如下:

第一章为绪论,首先介绍研究背景并提出要研究的问题,在概念界定的基础上确定本书的研究范围和内容,进而明确研究目的、意义和创新之处,然后阐述本书的方法论、技术路线及结构安排。

第二章为研究综述,分别对本书所涉及的相关概念进行文献回顾,分别总结、述评上述核心构念的内涵、维度、前因与后果。在此基础上展望各研究方向的未来研究趋势,为本书的探索方向打好坚实的基础。

第三章为理论基础与研究框架。首先基于社会交换理论、心理契约理论构建出本研究的理论基础,并据此提出本书的理论模型。此外,对理论模型涉及的主要部分进行基于现有文献的理论推演,据此构建研究模型及框架,并针对其关系提出研究假设。

第四章为量表编制与预调研。根据上文对核心变量的清晰定义,借鉴现有文献中相关成熟变量的测量量表,结合本书构思和消费者访谈结果,遵循问卷设计原则形成初始测量量表。在此基础上,通过预调研对所获数据进行探索性因子分析,进而对初始测量量表有关条款进行修正、补充,最终形成正式测量表。

第五章为数据分析与模型检验。内容主要分为两部分;第一部分介绍数据的获取过程,包括调研时间、地点和对象,以及问卷的发放回收等情况;第二部分介绍数据分析过程,对所获的数据进行统计分析,并对分析结果进行阐述和解释。

第六章为结论与建议。基于第五章的检验结果首先对本书结论进行详细分析和探讨,并据此提炼和归纳出本书的主要理论贡献。另外,基于研究结论为实践中的管理者提出具有指导意义的管理建议。最后,总结本书的不足之处并提出未来研究方向。

第二章
研究综述

　　根据第一章对本书范围的界定，与本书相关的文献主要集中在以下方面：企业对员工社会责任的相关研究、消费者响应研究以及员工道德身份认同研究等，因而本章对文献的梳理与综述将按照这一顺序进行回顾和述评，主要搜索文献的数据库：中文有中国知识资源总库（CNKI）、万方数据资源系统（数字化期刊和学位论文），外文文献主要来自中国人民大学图书馆电子资源中可以获得全文的数据库，包括EBSCO、Elsevier Science Direct、Emerald Management Xtra、Proquest、Sage电子期刊数据库和Wiley-Blackwell电子期刊数据库，以求对现有研究有更全面系统的了解，为后续研究奠定基础。

一、企业承担员工责任的相关研究

　　从利益相关方角度理解的CSR内容构成一般包括：股东责任、员工责任、政府责任、社区责任等，其中员工责任是所有企业履责必不可少的一个组成部分。本书的重要构念是企业员工的社会责任，然而想对其进行深入透彻的研究,则需要从企业社会责任的内涵入手,进而从利益相关方角度系统深入地阐释企业的员工责任内容、维度等。

(一)企业社会责任的内涵及其在营销学中的应用

1. 企业社会责任概念及内涵

自1923年欧利文·谢尔顿(Oliver Sheldon)在《管理哲学》一书中提出"企业社会责任"的概念以来,中外学者不断研究并发展着企业社会责任的内涵与外延。Bowen于1953年出版的《商人的社会责任》(*Social Responsibilities of the Businessman*)一书被视为现代企业社会责任概念构建的开始,[①]此后,企业社会责任的思想得到了学术界的广泛关注。直到2006年,国际标准化组织正式向社会发布《企业社会责任指南》:企业社会责任是企业对其自身经营活动给社会和环境带来的影响承担责任的行为。自此,企业社会责任从一种管理概念发展为一种标准化管理手段,要求企业在自身的经营活动中要做到:遵守法律和政府规定,以道德行为为基准,符合社会利益和可持续发展,将责任融入到各项活动之中。

有学者(李敬强,2012)将企业社会责任的发展轨迹分为五个阶段:第一,20世纪50年代至70年代:兴起与思辨阶段。这个阶段主要围绕企业社会责任是什么、企业是否应当承担社会责任,以及其对企业和社会的重要性展开研究。第二,20世纪70年代后期至90年代中期:拓展与发散阶段。这一阶段开始将社会责任与社会响应、社会绩效联系起来。第三,从20世纪90年代开始:工具化与操作化阶段。这个阶段通过利益相关者理论模型更加精确地识别参与者并对各利益相关者在模型中的定位、功能进行定义,

---

① Carroll, Archie B., "Corporate Social Resposibility: Evolution of a Definition Construct", *Business and Social*, 1999, 38(3), p.269.

解决了企业社会责任如何测量,如何检验的问题。第四,20世纪90年代末:引入与本土化阶段,这个阶段是国内学者参照中国情境将企业社会责任与其他管理观念相融合的一个过程。第五,21世纪以来的细化与推广阶段,这个阶段放大了企业社会责任本身的概念,开始出现企业公民等提法,进一步提升了企业社会责任内在品质和研究深度。

随着社会责任概念的传播和中国经济社会发展进步大潮的推动,国内学术界和相关组织近年来也逐步深化了对社会责任的理解和认识,结合各自不同的研究领域,从多角度对社会责任的概念进行了界定。

2. 营销学视角下的企业社会责任

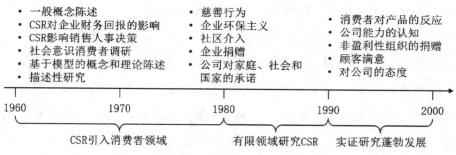

图2-1 基于消费者视角对企业社会责任研究的发展历程图

国外学者对营销学视角下的社会责任研究较多(Handelman and Arnold,1999;Luo and Bhattacharya,2006),学者们对CSR理解已经超过原有范畴(Kotler and Lee,2005),主要特点可以归纳为如下三个方面:

其一,基于社会系统视角,营销被视为是一个“成体系的、社会不可或缺的一部分”,营销强调增加利益相关者和社会价值,这也意味着社会责任是“营销不可或缺的组成部分”(Sweeney,1972);不仅如此,营销学中还将企业社会责任视为一个管理原则(Carroll,1979;Maignan et al.,2005)。尽管学者们对企业社会责任的含义界定不一,但是Carroll(1979)的研究具有较强的适用性,被学界广泛认可。后来Carroll进一步提出,企业社会责任中的经济责任主要是指企业具有能够良好生产的能力,法律责任是指在法律框架下满足经济责任的目的,道德责任是指企业遵守社会道德规范和行为准则,慈善责任是指为改善社会生活质量而进行"纯自愿"的活动(Yuan-Shuh and Monle,2012)。

其二,营销学中的企业社会责任被视为一个社会过程的概念,这其中主要包含营销工具论和营销技术论。例如,Sweeney(1972)将企业社会责任看做实现社会过程以及达到或超越利益相关者预期的一种手段。所谓预期就是能够反映企业社会责任对利益相关者的直接影响,如环境保护、伦理销售、适度的信息披露,还包括那些不直接影响相关者利益的福利(Maignan et al.,2005),如消费者担心的雇用童工、就业歧视等,这一系列的特点共同构成企业社会责任的定义。此外,还包括善因营销、企业促销、社会营销、慈善和营销慈善赞助以及社区志愿者项目等(Kotler and Lee,2005)。Bhattacharya和Sen(2004)认为,企业社会责任活动的着眼点可以分为社区支持、问题多样性、员工支持、环境、产品问题展开,为的是最终实现社会过程管理。此外,有研究认为,虽然企业利用多种形式实施企业社会责任,但是最主要的是三种形式:赞助、善因营销和慈善捐赠,这些形式为的是让企业帮助社会更好地发挥社会功能(Polonsky and Speed,2001)。

其三,营销学中的企业社会责任含义具有文化差异。金字塔模型(Carroll,1979,1991),可持续发展模型(Marrewijk,2003)等社会责任主流观点应用在不同国家的营销学视角下的社会责任研究中结果略有差异。例如,Maignan(2001)发现德国和法国消费者将法律、道德以及慈善作为企业社会责任感知的主要构成部分,但是在美国消费者眼中,企业社会责任还包括除此之外的经济责任。可持续发展模型是基于三重底线方法(triple-bottom-line)提出的,认为企业要想取得长足发展,必须同时兼顾企业盈利、社会责任和环境责任三个方面(Marrewijk,2003)。不难发现,不仅不同流派对企业社会责任的解读具有不一致性,而且即使同一流派中,不同国别文化差异下的企业社会责任的含义也有所不同（更为详细的含义界定可参见表2-1）。

重新定义员工责任

表2-1 企业社会责任典型概念

研究者	定义或基本观点
Bowen（1953）	商人追求商业利益目标时，同时有遵守那些根据社会目标和价值观期望的政策、决策和行动方针的义务。
Davis（1960）	商人的决策和行为至少部分地超出企业直接的经济或技术利益，社会责任需要与其社会权力相称。
Friedman（1970）	只要在游戏（商业）规则内允许的范围内利用企业资源并从事旨在增加企业利润的行为，即在没有欺诈和骗局的情境下进行公开和自由竞争。
Manne and Wallich（1972）	社会责任应该是超出于自愿考虑的。
Sethi（1975）	企业社会响应（广义CSR）是对流行的社会经济规范、价值观对企业表现期望的提前预计和主动响应。
Davis and Blomstrom（1975）	决策制定者有义务为保护和改善社会福利采取行动并与他们的利益作为一个整体相称。
Carroll（1979）	企业社会责任是包含了经济、法律、伦理和慈善四种类型的企业责任。
Jones（1980）	企业社会责任是将对社会同构成群体变成经济机会，经济利益、生产能力，人力胜任能力，待遇优厚的工作以及财富。
Drucker（1984）	企业的超出股东之外的社会构成群体负有责任，而且是在法律及工会契约之外的责任。
Wood（1991a）	社会绩效是企业的社会责任原则，社会响应过程以及政策，方案及最大化其长期有利影响的承诺。
Petkus and Woodruff（1992）	企业所做出的对社会缩小或减少任何有害影响及最大化其长期有利影响的承诺。
Clarkson（1995）	企业社会责任是对利益相关者的责任，并着实到日常经营活动中。
Maclagan（1998）	是通过自身行动及企业资源的捐赠来改善社区福利的承诺。
Maignan and Ferrell（2000）	企业社会责任可以认为是管理者为识别和调节那些受组织行为影响的利益而负责的过程。
McWilliams et al.（2001）	企业公民是满足其利益相关者所施加的经济，法律，伦理与便宜行事责任的范围。
Kotler and Lee（2005）	是促进社会慈善，超出企业活动及法律规定之外的行为。
Pride and Ferrell（2006）	企业对保护环境和改善与其有相互影响的群体的生活质量的同时为股东获取利润。
Savitz and Weber（2006）	企业社会责任施加积极影响并降低消极影响的义务。
Barnett（2007）	超出企业关注及法律要求之外有助于促进社会福利的行为。
Basu and Palazzo（2008）	企业社会责任特征是企业管理者思考、讨论与利益相关者的关系，自身在公共利益中的角色，连同为履行和达到这些角色和关系的行为倾向的过程。

(二)利益相关方概念的提出

利益相关方概念的出现晚于企业社会责任，但是其理论发展迅速[1]（沈洪涛等，2007）。1963年，斯坦福研究所在一份内部备忘录中，提出了理论界认为最早的利益相关方的定义："那些如果没有他们的支持，企业组织将不复存在的群体。"[2]后来关于利益相关者的研究不断丰富，Mitchell、Agle和Wood在《朝向一套相关利益者定义与特征的理论：应该真正考虑谁和考虑什么的界定原则》一文中归纳了27种定义。[3]之所以对该概念的认识百花齐放，可能是由于"利益"本身的定义并没有统一的、通用的解释。[4]关于企业的利益相关者如图2-2所示：

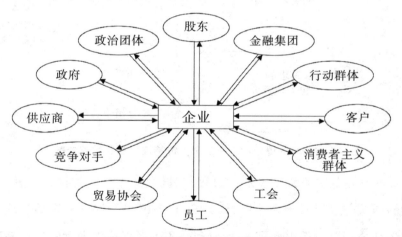

图2-2　大型企业组织的相关利益者

①　沈洪涛、沈艺峰：《公司社会责任思想——起源与演变》，世纪出版集团、上海人民出版社，2007年，第148页。

②　Freeman, R.E., 1984, Strategic Management: A Stakeholder Approach, Pitman Publishing Inc., p.31.

③　Mitchell, R. K., Agle, B. R., and Wood, D. J., 1997, "Toward a Theory of Stakeholder Identification and Salience: Defining the Principle of Who and What Really Counts", *Academy of Management Review*, Vol.22(4), p.856.

④　Rowley, T. J., 1997, "Moving Beyond Dyadic Ties: A Network Theory of Stakeholder Influnces", *Academy of Management Review*, Vol.22(4), p.889.

　　狭义利益相关者的定义以Carroll(1993)提出的最具代表性:"指那些企业与之互动,并在企业里具有利益或权利的个人或群体。"①Michael等学者提出了狭义利益相关者的三个关键特征:权力、合法性和紧迫性,如图2-3所示。

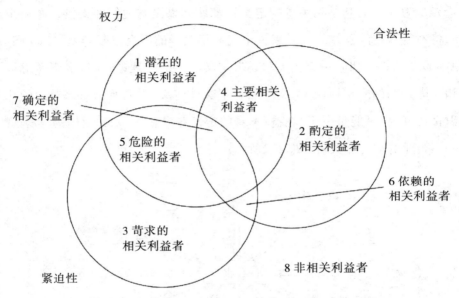

图2-3　Michael提出的基于三个关键特征的相关利益者概念

　　综观利益相关者理论发展的过程,20世纪80年代,"利益相关者"一词开始崭露头角。但是十多年后,到了20世纪90年代,许许多多的管理学杂志和咨询公司都开始以此词为荣。②利益相关者理论以强大的理论基础告诉企业的管理者,如果处理不好企业与员工、客户、债权人、供应商和社区

---

① Carroll, A. B., *Business and Society:Ethics and Stakeholder Management*, Cincinnati:South-Western, 1993, p.22.

② Donaldson, T., "The Stakeholder Revolution and the Clarkson Principles", *Business Ethics Quarterly*, 2002, Vol.12(2), p.107.

等之间的关系,企业将无法最大化企业的长期市场价值(Michael,2002)。[1]

　　从以上对企业社会责任概念的梳理中不难看出,利益相关方概念的提出,对人们深化企业社会责任内涵的理解起到了非常重要的作用。企业社会责任和利益相关者理论两者的全面结合趋势出现在20世纪90年代(Jawahar et al.,2001)。两个理论融合发展的根本原因就是能够与公司绩效在实证检验方面建立起联系[2]模型。第一个在实证研究上从利益相关者角度来衡量公司社会表现的是Clarkson,他在《1976—1980年加拿大公司社会表现》一文使用了"新的模型",即利益相关者模型及其方法,主要包括两个部分:第一个部分是ETHIDEX指数,用来定义每个主要利益相关者的责任维度;第二部分是根据第一部分的数据来对公司进行评价,即公司经济业绩表现和对公司利益相关者表现的评价。该研究得出了重要结论:"利益相关者模型代表了一种描述、评价和管理公司社会表现的新框架。"[3]此后具有代表性的定量研究是Berman和Jones(1999)等学者,采用了利益相关者理论的KLD指数来衡量不同的利益相关者对公司财务业绩的影响。"我们集中于对公司经营非常重要的五个主要利益相关者领域——员工、自然环境、多元化、产品安全、与社区的关系。"[4]后来,Berman等人(1996)以定量研究的方法证明,员工关系及产品安全性与质量两个指标与ROA存

　　① Jensen,Michael C.,2002,"Value Maximization,Stakeholder Thoery and the Corporate Objective Function",*Unfolding Stakeholder Thinking*,*Greenleaf Publishing Limited*,p.77.

　　② Jawahar I.M.,and McLaughlin,Gary L.,2001,"Toward a Descriptive Stakeholder Theory:An Organizational Life Cycle Approach",*Academy of Management Review*,Vol.26,p.398.

　　③ Clarkson,Max B.E.,1991,"Defining,Evaluating,and Managing Corporate Social Performance:The Stakeholder Management Model",in *Research in Corporate social Performanceand Policy*,Vol.12,CT:JAI Press,pp.347-349.

　　④ Berman,Shawn L,Wicks,Andrew C.,Kotha Suresh,and Jones,Thomas,1999,"Does Stakeholder Orirntation Mater? The Relationship Between Stakeholder Management Modles and Firm Financial Performance",*Academy of Management Journal*,Vol.42(5),p.489.

在显著的正相关。

自从利益相关者理论诞生之日起，员工就毫无争议地被列为企业重要的利益相关者,该理论认为员工对企业长期可持续发展具有重要的、不可替代的作用。[①]可见,无论是在学术上还是管理实践中,员工责任都具有极高的研究价值。只是将其作为单独的研究变量,同时从市场营销和组织管理的角度进行研究的文献,少之又少。

(三)企业承担员工责任的相关研究

员工是企业重要的利益相关者，企业承担员工责任是企业管理中的重要实践内容;而企业应当承担好对员工的哪些责任,对各责任维度如何进行衡量则是理论研究重要的课题, 这些研究一直随着社会责任研究的不断深入而得到发展。Clarkson(1994)、欧阳润平(2003)、陈宏辉(2004)等学者通过实证研究证明了员工对企业的生产和发展存在利害关系, 可以很大程度上决定企业的生死,是企业利益相关者中的首要对象。

1. 企业承担员工责任的国际化标准

国际劳工组织(1977年发表,2006年修订)关于跨国企业和社会政策的三方宣言,是企业对员工应履行责任的较为全面的准则。宣言中的核心标准包括:

——就业:促进就业,支持机会平等和公平待遇,职业安全。

——培训:企业应提供长期就业和培训岗位,开发全国职业培训政策,促进各种能力开发。

——工作和生活条件:工资、福利、工作条件、最低年龄、劳动保护和

---

① Turban,D. B. & Greening,D. W.,Corporate Social Performance and Organizational Attractiveness to Prospective Employees. *Academy of Management Journal*,1997,40(3):658—672;Fox,A.,Corporate Social Responsibility Pays Off. *HR Magazine*,2007:42—47.

健康。

——劳动关系：结社自由和结社权利，集体协商，商谈、处理申诉、解决劳工冲突；雇用中无歧视、无强迫劳动、无童工。

国际标准化组织一直致力于社会责任的标准化工作，2010年11月正式出版了"ISO26000社会责任指南"，主要包括以下核心议题：组织监管、人权、劳工实践、环境、公平运营实践、消费者议题、社区参与和发展。"劳工实践"的提出，主要考虑到员工固有的脆弱性和他们基本权利受保护的必要性已经在世界人权宣言及经济、社会、文化的国际契约中得到考虑，认为每个员工都有自由选择工作谋生的权利及公正的和有利的工作条件的权利。"劳工实践"主要包含五个议题：

——雇用和雇用关系：通过正规和安全的工作改善生活质量。

——工作条件和社会保护：工作条件包括工资和其他方面的补偿、工作时间、休息时间、医疗卫生等。社会保护指员工在受伤或经济困难等情况下，所有法律上的保证和组织上的政策措施。

——社会对话：员工、企业、政府之间或共同就经济和社会关切相联系的共同利益问题所进行的各种谈判、商议或信息交流。

——工作健康和工作安全：支持和确保员工具有身体上、精神上、社会上的福利，防止工作条件对健康的危害。

——人力开发和工作场所培训。

2. 国外学者关于企业承担员工社会责任的研究

国外学者在这方面的研究大都包含于整个社会责任的指标维度中。Emst（1971）运用文本分析法对《财富》500强披露的社会责任进行跟踪研究，其中员工责任主要有：安全与健康、培训、个人咨询。

Modic（1988）将企业的社会责任活动分为以下八个范畴，其中有四项涉及员工责任，分别是员工教育培训方面的责任等、提供良好的员工关系和福利、提供平等雇用的机会、注重员工的安全与健康。Isabelle和David（2002）通过对美国和欧洲国家的CSR调研，得出了五个方面的CSR，员工维度包括两个方面：平等的机会、健康和安全。

国外学者从社会责任角度，深入研究员工社会责任的代表是Greenwood和Simmons（2004），他们从利益相关方重要程度、道德意识强弱两个维度，将企业承担员工社会责任分为硬责任（hard HRM），软责任（soft HRM），道德责任（ethical HRM）。① 2011年Mason和Simmons在企业中观层面的社会责任领域研究方面，深入探讨了硬责任、软责任、道德责任的具体含义、维度及测量标准。②

硬责任（hard HRM）：企业更关注短期利益与绩效，将员工（labor）视为生产要素，而非人力资本，只提供最低的工资、有限的发展机会、繁重的劳动及较差的工作环境，这是企业承担员工责任的底线。软责任（soft HRM）：企业更关注长期利益，并将员工视为驱动企业发展的因素，是重要的利益相关者（employee stakeholder），企业开始重视员工能力的培养，为员工提供更好的工作环境及福利补贴，将员工的发展目标作为组织目标的重要组成部分。道德责任（ethical HRM）：企业具有高度的社会责任行为，认为企业的绩效和回报不仅是对企业的利润，而是更有利于整个社会的发展。企业将员工视为所有利益相关者中最独特的成员（unique position），会赋予员工更多的参与权利，此时员工心理契约的强度会高于物质交换（O'Donohue & Nelson，2007）。企业将员工视为可持续发展的目标，是企业的竞争优势。

---

① Greenwood，M.R. and Simmons，J.A. 2004. A stakeholder approach to ethical human resource management. *Business and Professional Ethics Journal*，22（3）：3–20.

② Chris Mason and John Simmons，2011，Forward looking or looking unaffordable? Utilising academic perspectives on corporate social responsibility to assess the factors influencing its adoption by business，*Business Ethics：A European Review*，Volume 20 Number 2：159–176.

　　近来,国外学者在企业承担员工责任方面的研究更具综合性。Kimeli
和Maru(2012)用探索性调查方法对肯尼亚20个沿海地区酒店的699名员
工进行研究,分析了承担员工社会责任与酒店收益的相关性。[①]酒店承担
的员工社会责任以四个维度——员工感知到的工作环境、感知的薪酬福
利水平、员工感知到更高层次的社会责任导向以及有效的沟通机制——
进行测量。数据表明,肯尼亚地区整体对员工的社会责任承担不够,工作
环境欠佳、薪酬福利缺乏公平原则、工作歧视问题较突出。一般而言,员工
感知到较好的内部责任水平则会正向影响员工工作幸福感(happier)和组
织绩效,然而该研究显示,较差的酒店员工感知的CSR会导致较低的酒店
绩效水平,员工与组织之间没有建立起良好的工作承诺。文章建议,肯尼
亚地区的服务行业亟需提高企业承担员工责任的水平,以促进整个地区
的经济发展水平。

　　Bauman和Skitka(2012)的研究确定了四条企业社会责任影响员工社
会责任的不同路径,即企业社会责任有助于提高员工的工作安全与心理
安全感、组织认同的独特性、归属感、工作的价值和意义,在四者的共同作
用下,才有利于提升员工的幸福感和满意度。[②]Lee等(2013)结合美国航空
公司的绩效表现,研究证明与经营相关联(维度包括:员工责任、产品质
量、公司治理)的社会责任表现有助于提高公司的品牌认知度、顾客满意
度及消费者购买意愿,这一点也与Kang等(2010)、Lee和Park(2010)的研究
结果一致;同时还证明与经营相关联的社会责任表现有助于提升航空公
司的业绩水平,并验证了与经营相关联的绩效表现显著优于和非经营相

　　①　T. Kimeli C.,Loice C. Maru. Employee Social Responsibility Practices and Outcomes in Kenya's
Tourist Hotels. *African Journal of Economic and Management Studies*,2012,3(1):23-41.

　　②　C. W. Bauman,L. J. Skitka. Corporate Social Responsibility as a Source of Employee Satisfac-
tion[J]. *Research in Organizational Behavior*,2012(32):63-86.

关联的绩效水平。①以上最新研究结论都充分证明了企业承担员工责任在整个社会责任体系中具有非常重要的作用，良好的员工责任水平有助于提升品牌价值、顾客满意、购买意愿，以及企业的整体业绩水平。

3. 国内学者关于企业承担员工社会责任的研究

我国学者在构建企业对员工社会责任评价指标体系时主要根据的是需求层次理论。雷振华和阳秋林（2010）、黄素芳和詹颖（2011）等学者研究认为，企业对员工履行社会责任其本质是满足员工的需要，因此可以根据马斯洛的需要层次理论构建内部员工的社会责任评价体系。雷振华和阳秋林将员工的生理需要和安全需要归纳为员工的初级需要，设置了初级员工责任指标体系；将员工的社交需要、尊重需要、求知需要和审美需要归为员工的中级需要，设置了中级员工责任指标体系；将自我实现需要归为员工的高级需要，设置了高级员工责任指标体系。黄素芳和詹颖等学者按照马斯洛需要层次理论，从低到高分别设置了各个层次的员工社会责任指标体系。凌玲（2011）在设计员工社会责任评价模型时，根据卡罗尔的社会责任层次模型、马斯诺需要层次理论和SA8000构建了一个三维模型。而张兰霞等（2009）学者以契约理论为基础，运用灰关联评价方式构建了我国员工关系层面社会责任评价指标体系，其中一级指标有六个，分别是合同管理、工作时间、员工待遇、工作支持、工作环境和工作发展。此后，张兰霞（2010）又对宝钢集团、东软集团、东北电网等企业的员工采取访谈等方式构建了显性契约、隐性契约两部分员工社会责任指标评价模型，并对三家企业进行了实证分析，证明了该模型对企业承担员工责任衡量的有效性。

我国国内具有代表性的企业对员工社会责任的评价指标如下：北京

---

① S. Lee, K. Sen, A. Sharma. Corporate Social Responsibility and Firm Performance in the Airline Industry: The Moderating Role of Oil Price. *Tourism Management*, 2013 (38): 20–30.

大学经济研究院从三方面说明企业对员工的社会责任:劳动时间、工资保障、平等的就业机会和社会福利等基本权益保障;改善工作条件和工作环境,保障员工的工作条件和环境;重视员工发展。凌玲(2011)根据卡罗尔的金字塔模型构建了企业对员工的社会责任评价体系,具体内容如下:经济责任,为员工生存提供必要报酬;法律责任,尊重员工内部权益,管理规范化;道德责任,提高员工收入,完善员工福利;公益责任,重视员工自我发展,实现与企业利益共享。

国内学者研究证明了员工责任会正向影响员工的组织公民行为(何显富等,2011;晁罡等,2012),以及员工满意度(王新宇等,2010;张振刚等,2012),但是缺乏传导机制的跨层研究。国内学者何显富(2010、2011)等[1]基于利益相关者理论,对一组企业社会责任的量表进行了中国情境下的修正,检验了其具有良好的信效度,并验证了其对员工的组织认同具有显著的响应,后来的研究中又用该量表证明了企业员工社会责任对组织公民具有正向影响,与本书有类似之处。但是其中涉及员工责任的量表只有具体测向,并未进行维度划分。

通过梳理国内外关于企业对员工的社会责任的研究现状可以发现,关于企业对员工的社会责任的相关研究还不多,因此具体包括哪些内容还没有达成统一的意见。企业社会责任的研究起步于国外,目前已经取得了较为丰富的研究成果。我国是从20世纪90年代才开始对企业社会责任进行研究,虽然取得了一定的成果,但对整个社会责任的研究落后于国外,对员工的社会责任也不例外。首先国内学者关于企业对员工的社会责任研究也主要借鉴国外的研究成果,如利益相关者理论、社会责任层次理论等。所以国内真正意义上的原创性研究并不多。其次,国内关于企业对

---

[1] 何显富、蒲云、朱玉霞、唐春勇:《中国情境下企业社会责任量表的修正与信效度检验》,《软科学》2010年第12期。

员工的社会责任研究多属于定性研究,实证支撑不够,还处于模型的初级构建阶段,理论研究深度不够。

(四)小结

根据社会责任理论、利益相关者理论,结合最新的国内外文献的梳理,员工是企业履行社会责任过程中最主要的利益相关者。但是关于企业员工责任的具体定义、内涵与维度,相关文献研究得还不够深入,企业承担员工责任的维度分析、内容分析,在仅有的文献中更是未能达成共识。本书在借鉴国内外最新研究成果的基础上,特别是Greenwood、Simmons、何显富等人的研究,提出中国情境下企业承担员工责任的三个维度:硬责任、软责任、道德责任。

二、组织公民行为的研究综述

(一)组织公民行为的内涵与界定

组织公民行为作为员工实施、组织受益的工作角色外行为,从诞生之日起便备受关注。此概念的新颖性之一是表现在首次将"公民"一词应用于组织管理领域,而且"公民"是权利和义务的象征,代表了制度规范和道德水平,所以它不仅符合组织的制度建设要求,也符合职业道德建设的期望。二是表现在时代性,它与全球化所要求的公民社会相吻合。三是表现了很高的应用性,它所倡导的工作角色外行为正是生存在动态环境组织中所必不可少的动力源泉。

学术界一般认为,Organ提出的组织公民行为的概念更好地体现了"工作角色外行为"的内涵。因此后来的研究基本参照这一概念,即组织公民行为是一种有利于组织的工作角色外行为和姿态，既非正式角色所强调的，也不是劳动报酬合同所引出的，而是由一系列非正式的合作行为构成的。[①] Organ对组织公民行为进行重新定义，[②] 认为组织公民行为是一种能够对组织的社会和心理环境提供维持和增强作用，进而支持任务绩效的行为。

组织公民行为的维度研究至今也未达成一致的意见，主要有二维结构、三维结构、四维结构、五维结构、七维结构和十维结构等，如图2-4所示。

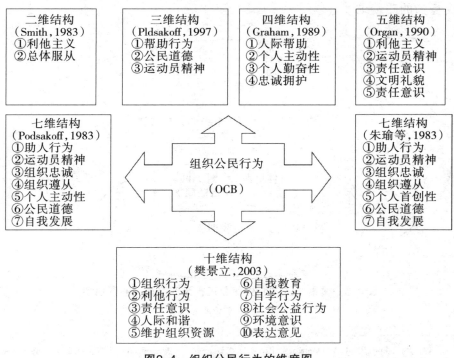

图2-4 组织公民行为的维度图

① Organ, D. W. The motivational Basis of Organizational Citizenship Behavior. In B. M. Straw & L. L. Cummings, *Research in Organizational Behavior*, Greenwich, CT: JAI Press, 1990(12): pp.43, 72.

② Organ, D. W. Organizational Citizenship Behavior: Its Construct Clean-Up Time. *Human Performance*, 1997(10): pp.85, 97.

　　学术界应用较广的是Organ(1990)提出的五维结构,以及Podsakoff(1983)提出的七维结构。[①]国内研究组织公民行为起步较晚,樊景立教授等率先引入组织公民行为的概念,以中国台湾员工为对象研究了中国情境下的OCB结构与维度;[②]后来又以北京、上海的员工为研究对象,再次验证并充实了OCB维度与相关内容。[③]该五维结构在国内研究中被广泛应用,分别是:公司认同、利他行为、责任意识、人际和谐、维护节约组织资源。前三个维度与西方文化背景下的研究基本吻合,而后两个维度则是中国特色的组织公民行为的测量维度。

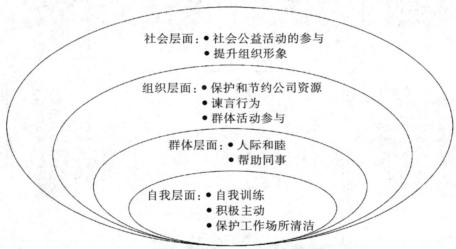

图2-5　樊景立(2004)组织公民行为四层面同心圆模型

　　① Podsakoff,P. M. Mackenzie S. Paine J. &Bachrach D. Organizational Citizenship Behavior:A Critical Review of the Theoretical and Empirical Literature and Suggestions for Future Research. *Journal of Management*:2000,26,513-563.

　　② Farh,J. L. Earley P. C. &Lin,S. C.,Impetus For Action:A Cultural Analysis of Justice and Organizationgal Citizenship Behavior in Chinese Society. *Administrative Science Quarterly*,1997,42,pp.421-444.

　　③ Farh,J. L.,Zhong C. B.,& Organ D. W.,Organizational Citizenship Behavior in People's Republic of China,*Organization Science*,2004,15.

由于组织公民行为内容、维度较多,后来的学者们开始探索采用整合分类的方法。Williams和Andesron(1991)将组织公民行为分为"指向个体的组织公民行为"(OCB-I)和"指向组织的组织公民行为"(OCB-O)。该研究虽然是在中国情境下考量组织公民行为,但是由于因变量是消费者响应,因此需要结合樊景立的组织公民行为量表,与Williams和Andesron(1991)OCB-I的维度划分方法,构建消费者导向的组织公民行为量表。

(二)组织公民行为的影响因素

Podsakoff(2000)回顾近二十年的研究后,将学者们提出的所有组织公民行为的影响因素归于四个层次:个人特点、任务特点、组织特点和领导行为。自2000年之后,又出现了一些不在Podsakoff分类范围之内的研究,例如"示范效应"对组织公民行为的影响、"社会网络"对组织公民行为的影响等,这些研究都偏向于群体、组织层面的变量。本文重点回顾个体层面的前因变量。

个体层面主要有"士气"因素和"人格"因素。Organ和Ryan等人的元分析①发现"士气"因素中研究最频繁的四个变量如下:

(1)员工满意感:是由一个人的工作评价或工作经验所产生的愉快或积极的情绪状态。

(2)组织承诺:员工对所在组织在思想上、感情上和心理上的认同和投入,愿意承担作为组织一员所涉及的各种责任和义务。②组织承诺的研究主要基于Allen和Meyer(1990)三维度模型,即情感承诺(want to do)、持续承诺(need to do)、规范承诺(ought to do)。组织承诺与组织公民行为之

---

① Organ,D.W. & Ryan,K.A. Meta-analytic Review of Attitudinal and Dispositional Predictors of Organizational Citizenship Behavior. *Personnel Psychology*,1995,(48):pp.775,802.

② 刘一平:《组织承诺影响因素比较研究》,《管理科学》2003年第4期。

间存在显著的相关关系。

（3）组织公平：员工对组织资源分配与各种激励措施是否公平的主观感知，一般分为分配公平和程序公平。分配公平是对薪酬等资源配置的主观感受，研究员工对分配结果的认知。Farh、Early和Lin（1997）研究认为分配公平、程序公平对组织公民行为都有正相关的关系，分配公平与组织公民行为的正相关性最强，而程序公平的相关性相对较弱。Scholl和Cooper分析了员工对薪酬分配公平性的认知与组织公民行为之间的关系，发现两者之间存在显著相关关系，r=0.410，p<0.01。[1] Niehoff和Moorman研究认为程序公平对组织公民行为有显著的正向影响。[2] Moorman在之前的研究中认为程序公平比分配公平更能够解释员工的组织公民行为。[3]

（4）组织支持感：员工认为因组织重视他们的贡献会增加奖赏或满足社会情感需要而形成的信念。基于互惠理论，组织支持有助于员工产生关心组织和回报组织的责任感，员工会通过更多的组织公民行为以报答组织。袁凌、陈俊研究了组织支持感与组织公民行为中认同组织、利他主义、个人主动性三个维度的关系，结果显示组织支持感对三者都具有很强的预测力，呈显著正相关。[4]因此，罗秋明将组织支持感作为组织公民行为的

---

[1] Scholl R. W., Cooper R. A., Mackenna J.F., Referent selection in determining equity perceptions: differential effects on behavioral and attitudinal outcomes, *Personnel Psychology*, Vol.40, 1987, pp. 113–124.

[2] Niehoff B. P., Moorman R. M., Justice as a mediator of the relationship between method of monitoring and organizational citizenship behavior, *Academy of Management Journal*, Vol.36, No.3, 1993, pp. 327–336.

[3] Moorman R. H., Relationship between organizational justice and organizational citizenship behaviors: do fairness perceptions influence employee citizenship? *Journal of Applied Psychology*, Vol. 76, 1991, pp.845–855.

[4] 袁凌、陈俊：《感知义务对组织支持与组织公民行为的中介作用检验》，《统计与决策》2008年第6期。

一个前因变量，并认为二者存在正相关关系。①这四个预测变量与组织公民行为显著相关，且对组织公民行为的解释力相仿。而在这些士气因素中，研究最多的是员工满意度。按照需求理论，员工的某种需求获得满足后就会产生愉悦体验，这种积极体验会强化人的工作行为，尤其是工作角色外行为，国内外很多学者也证实了这一点（赵红梅，2009）。也有的学者认为，"组织公平感"是所有组织公民预测变量中最有力的因变量（Moorman，2003）。

组织承诺、组织公平和领导支持等变量的提出，主要是基于心理契约理论，组织对员工的责任承诺兑现越多，获得的员工信任越多；员工在组织中越是感到公平，就越容易受到激励；领导对员工的认可、赞扬和支持越多，员工的工作绩效越高。以上方面几乎都包含在企业对员工责任的维度中，可见，企业对员工承担的责任水平越高，员工超越工作角色、实施组织公民行为的内在驱动力也越强。

还有很多研究集中在员工的人格特点、身份认同、个体差异等方面的特质对组织公民行为的影响，如个体的责任感、道德认同、利他主义行为、组织遵从等。Organ（1988）指出，人格特质可以作为组织公民行为的预测指标后，国内外很多实证研究都从员工的人格特点、个体特质等方面进行研究。

有的学者，如Davis等（1989）认为两者并没有显著的相关性。Barrick等（1992）研究结果显示，人格特质中的宜人性、神经性、外向性等与组织公民行为的相关性不显著；员工的责任意识与组织公民行为有相关性，但是程度较低，解释力小于0.3。

有的学者认为两者有相关性。最有代表性的研究是Organ和Ryan

---

① 罗秋明：《论心理契约与组织公民行为的关系》，《湖南工业大学学报（社会科学版）》2009年第4期。

（1995）的元分析，以及Borman等（2001）对1995年后的研究进行的元分析。两者的研究结构都证实了人格、身份因素对OCB具有预测作用。研究发现员工的"责任感"与OCB存在显著正相关，他们发现在五年的12篇关于员工责任感与组织公民行为的文献研究中，两者相关系数达到0.24。"宜人性"与组织公民行为有关系，但是作用不强；而元分析中却显示，有的研究是正相关，也有的是负相关，因此他们推测该变量可能对组织公民行为存在调节作用。同时，研究还发现高道德认同、利他主义和组织遵从与组织公民行为呈现显著正相关。

此外，还有学者认为两者的关系会受到其他变量的影响，如Podsakoff等人（2000）的元分析研究表明，员工角色认知越清晰，越是把公民行为视为工作角色内行为，就越感到有责任和义务去做更多的利他、利组织的行为，但是与组织公民行为中的"公民道德"维度则没有相关性。

在组织层面，影响组织公民行为的因素主要有：任务特征、组织特征和领导行为。本书重点研究个体层面的影响因素，组织层面的相关变量不作为介绍的重点。

（三）组织公民行为与企业绩效

很多研究认为，组织公民行为与员工"关系绩效"联系紧密，比如员工表现出的客户导向性（Williams and Sanchez，1998）。Kutz等（1978）指出，组织公民行为将会提升企业的整体绩效和竞争力。随后，Podsakoff和Mackenzie（1993）[①]进一步在实证研究中发现，组织公民行为在经销店的绩效指标上可以解释17%的员工工作绩效变异；组织公民行为中运动员精神和公

---

① Makenzie，S.B.，Podsakoff，P.M.，& Fetter，R. The Impact of Organizational Citizenship Behacior on Evaluations of Salesperson Oerformance. *The Journal of Marketing*，1993，57（1）：70—80.

民美德与绩效正相关,帮助行为与绩效负相关。Podsakoff(1997)用更科学的测量方法证明了OCB可以解释产品数量变异的25.7%,而只能解释产品质量变异的16.7%。[①]这两项研究结果虽有差异,但基于研究对象离职率不同、奖励制度不同、员工任务及工作差异程度不同等,研究结果必然存在某些偏差,但是不妨碍组织公民行为对工作绩效影响的解释力。Ackfeldt和Leonard(2005)、Baeksdale和Werner(2001)等学者的实证研究发现,组织公民行为能对同事、上级、组织的绩效有积极影响。

在营销领域,销售人员的OCB越来越受到关注。MacKenzie等(1993)研究认为,销售人员作为企业与顾客关系的主要接触点,OCB的作用甚至比销售额还重要。Mahn Hee Yoon和Jaebeom Suh(2003)[②]指出,员工的OCB与顾客对服务质量的认知有着密切的联系。OCB的作用在于它有助于企业将无形的服务转化为员工积极主动的服务行为,从而创造顾客满意与顾客忠诚。Greg W. Marshall等(2012)研究了工业企业的员工满意、组织承诺、组织公民行为以及客户导向等的关系,发现了在工业企业的情境设定下员工OCB与客户关系导向呈显著的正相关,有助于保持良好的顾客关系,从而增加重复购买,提高组织绩效。[③]

国内研究中,也证实了上述结论。蒲国利等提出了组织公民行为与服务质量和关系质量的影响模型。[④]通过对零售企业140份服务人员问卷和

---

① Podsakoff,P.M. Ahearne,M. & Mackenzie,S.B. Organizational Citizenship Behavior and the Quantity and Quality of Work Group Performance. *Journal of Applied Psychology*,1997,(82):pp.26,270.

② Yoon a M H,Suh J. Organizational Citizenship Behaviors and Service Quality as External Effectiveness of Contact Employees. *Journal of Business Research*,2003,56(8):597–611.

③ Greg W. Marshall,William C. Moncrief,Felicia G. Lassk,and C. David Shepherd,Lingking Performance Outcomes to Salesperson Organizational Citizenship Behavior in an Industrial Sales Setting. *Journal of Personal Selling & Sales Management*,Vol.XXXII,No.4(fall 2012),pp.491–501.

④ 蒲国利、苏秦、庞顺可:《组织公民行为与服务质量和关系质量关系研究》,《工业工程与管理2010年第5期》。

420份顾客问卷调查及其实证分析,得出OCB对顾客与员工的交互关系质量有正向影响,对顾客满意和顾客信任感有正向影响。江晓东、高维和构建了主管行为、组织公民行为与B2B顾客满意的概念模型并进行了实证检验,研究认为,销售人员的组织公民行为对于B2B顾客满意具有显著的正向影响。他们认为,员工的组织公民行为引起顾客满意主要基于内部营销的理论观点,员工首先与企业之间产生了有效的内部交换,此后员工的组织公民行为与顾客发生了价值交换(George,1991;Kelly and Hoffman,1997)。B2B营销涉及的产品复杂性高,销售服务在销售过程中占有非常重要的地位。因此,销售人员的OCB行为对于未消费者提供更高质量的服务作用显著。

(四)小结

组织公民行为是员工的自发行为,并未直接或明确地受到正式报酬系统的承认,但却是一种超越工作本身,有利于提升组织效率的行为。[①]组织公民行为产生的理论依据是社会交换理论与心理契约理论,是一种员工自发、可自由选择的个体行为。[②]一般认为,只有对组织有强烈认同感、工作满意度高的员工更容易表现出组织公民行为(Podsakoff,2000;Farth et al.,1997),因此,良好的企业员工社会责任表现,有助于激发员工的组织公民行为。

组织公民行为在组织内部有利于增强员工之间的协调合作、提高组织绩效、营造和谐组织氛围等(Moorman,1995;Van Dyne,2004等),同时,员工的工作满意度、责任感和幸福感有利于向组织外部传导(Organ,1988;伍利民,2011)。营销领域的实证研究,也验证了组织公民行为有利于提高

[①] 罗秋明:《论心理契约与组织公民行为的关系》,《湖南工业大学学报(社会科学版)》2009年第4期。

[②] 参见陈加洲:《员工心理契约的作用模式与管理对策》,人民出版社,2007年。

服务质量（Morrison,1996），有利于提高员工的客户导向意识（Bell and Men-guc,2002），有利于提高顾客满意度（Yoon and Suh,2003）等。由上述文献可知，组织公民行为在企业承担员工社会责任与消费者响应之间具有重要作用。

三、企业承担员工责任与消费者响应的关系研究

很多学者早已证明企业承担社会责任有助于提升消费者满意度、品牌价值、企业声誉等无形资产的价值（Brown and Perry,1994;Hopwood,1972;It-tner and Larcker,1998;McGuire et al.,1998）。在营销学领域,大量研究关注企业社会责任活动对顾客相关产出的积极影响（Bhattacharya and Sen,2004），如顾客的企业认同、企业评价、产品态度和购买意愿等（Brown and Dacin,1997;Sen and Bhattacharya,2001;Lichtenstein et al.,2004;Luo and Bhattacharya,2006）。Sen and Bhattacharya(2001)研究认为,良好的企业社会责任绩效会正向影响顾客对企业的认同和评价,正向影响消费者的购买行为。Luo和Bhattacharya(2006)研究了社会责任与顾客满意的关系,该研究不仅证明企业社会责任正向影响顾客满意,且发现顾客满意会在CSR与公司市场价值之间存在中介作用。从以上研究可以发现,企业社会责任行为会直接影响消费者的企业认同、企业评价,正向影响消费者的购买行为;同时,还会间接影响消费者对产品的态度,甚至企业的市场价值。

（一）企业社会责任与消费者行为响应关系研究

消费者的行为意愿是指，消费者自己对可能发生的消费行为的一种预测,主要包括两个方面:一是对目标物购买的可能性,即购买意愿维度;二是进行正向口碑传播的可能性,即推荐意愿维度。

企业社会责任影响消费者购买意愿的研究，早期多出现在善因营销中（Smith and Alcorn，1991；Adkins et al.，1999）。Creyer和Ross Jr.（1997）在展望理论的基础上，通过实证研究发现消费者对企业的CSR行为期望及感知的企业行为，会更愿意为具有道德行为企业产品支付溢价，而惩罚非道德行为的企业。Handelman和Arnold（1999）研究发现企业社会责任水平会显著影响对被试零售商的支持度。

Mohr等（2001）回顾已有实证研究文献指出积极的CSR信息能够显著影响消费者的行为意愿及对企业及其产品的评价，其随后的深度访谈也证实企业的CSR行为会改变被访者的行为意向。Sen和Bhattacharya（2001）通过实验方法发现，积极的CSR信息会显著影响消费者的购买意愿，以及企业的CSR范围、消费者对CSR的支持以及消费者的企业社会责任。

Lichtenstein等（2004）通过四个实验发现，CSR行为可以带来一系列的企业利益，包括更好的企业评价、增加购买行为。Mohr和Webb（2005）研究发现，企业负责任的行为正向影响消费者对企业的评价和对其产品的购买意向。David等（2005）运用双重过程模型分析了四家知名企业的CSR实践对企业专业能力、企业社会价值及购买意愿的影响，研究结果发现消费者对CSR实践确实存在一个双重分析过程，并通过该过程影响消费者的购买意愿。Luo和Bhattacharya（2006）利用美国企业社会责任评价数据库、消费者满意数据库等中的数据进行了研究结果显示消费者满意在企业社会责任、企业市场价值之间起着显著的中介作用。Pirsch等（2007）将企业的CSR计划分为制度型和促销型两种，并运用网上调查的数据研究发现，制度型CSR计划能获得更高的消费者忠诚、促销型CSR计划更能使消费者怀疑企业背后的动机，但消费者的购买意愿在两种情况中没有显著区别。Lafferty和Goldsmith（1999）在一个实验中，利用一家虚拟公司和一张企业社会责任的信息卡片来控制公司对社区的慈善捐助和员工参与水平。结果发现,与较低的企业社会责任水平相比,较高的企业社会责任水平会使消费者对公司有较高的评估且影响消费者的购买意向。

国内研究也支持了积极的CSR能显著影响消费者的购买意愿及推荐意愿。周延风等(2007)构建了捐助慈善事业、环境保护以及善待员工三个维度的CSR行为,且均可显著正向影响消费者购买意愿。但这种关系并不是简单的相关关系,其中消费者的个人特征以及产品的价格信号具有一定的调节作用,产品价格较低,企业社会责任引起的购买意愿的差异更大。但是周延风等(2007)的研究并没有专门探讨企业承担员工的责任的各维度对消费者响应有怎样的影响。同时,这一研究框架已经由国外学者(Sen and Bhattacharya,2001;Bhattacharya and Sen,2003)提出并验证过,其中也涉及了员工社会责任,但是并未对员工责任各维度对消费者响应的影响进行深入探讨。

周祖城和张漪杰(2007)研究了不同企业的CSR水平对消费者响应的影响,通过情境性描述让被调查者阅读资料后回答相关问题的方式进行调查,结果显示在社会责任处于行业不同水平时消费者选择企业产品时的购买意愿存在显著差异。[①]同时,消费者对行业内处于不同企业社会责任水平上的企业的产品愿意多支付一定价格的意愿也存在一定的差异,但这种差异受到参照对象的影响较大。这一研究不仅验证了存在于西方的企业社会责任研究结论同样适用中国文化背景之下,并且跳出原来研

---

① 具体结果是:在CSR处于行业领先水平企业的产品和CSR处于行业中等水平企业的产品之间选择时,消费者对前者的购买意向显著高于后者;在CSR处于行业落后水平企业的产品和CSR处于行业中等水平企业的产品之间选择时,消费者对前者的购买意向显著低于后者;消费者对CSR处于行业领先水平企业的产品的购买意向因参照对象不同而不同:参照对象为CSR处于行业落后水平企业的产品时,消费者对CSR处于行业领先水平企业的产品的购买意向,显著高于参照对象为CSR处于行业中等地位企业的产品时,消费者对CSR处于行业领先水平企业的产品的购买意向;当参照对象都是CSR处于行业中等水平企业的产品时,行业落后的CSR水平对购买意向的影响程度大于行业领先的CSR水平对购买意向的影响程度,但差异并不显著。

究,不仅以"企业是否承担"社会责任来区分企业的标准,而是从考察企业在社会责任表现上的相对水平对消费者的影响,因而是从关注"是否"问题向关注"怎样"的推进,同时也摆脱了过度关注企业社会责任的具体内容(如慈善事业、环境保护等)的束缚,向关注企业在社会责任行为的特质方面的一大探索。游士兵和黄柄南(2009)则具体分析了企业社会责任行为——企业慈善捐赠对消费者购买意愿的关系,通过分组研究发现,企业捐赠行为(捐赠数额、捐赠领域、捐赠资源和捐赠途径)对消费者购买意愿有显著影响,说明消费者在评价与决策时考虑的不仅仅是企业社会责任行为中的某一单一因素,更需要综合考量。

上述研究从不同角度深入分析了企业社会责任对消费者响应(购买意愿、推荐意愿或高价格支付)有显著正向影响,但企业社会责任中的员工责任为什么会影响消费者响应、每一个维度对消费者响应的作用如何、程度多深等都还缺乏具体及深入的研究。

(二)企业社会责任与消费者购买态度的关系研究

态度是心理学中的一个基本并且十分重要的概念,同样,在市场营销领域也是一个非常重要的概念,它是营销调研比较关心的内容之一(宋永高、水常青,2004)。本质上,态度就是一种评价倾向,它是一个人对某种事物或者人从喜欢到不喜欢或赞成到不赞成的一个评价,而品牌态度是衡量消费者对品牌所表现出的持续性好感或厌恶的程度。

有关企业社会责任对品牌或公司的影响结论也不尽相同。Brown和Dacin(1997)通过实验方法将企业能力联想和企业社会责任作为两种企业联想,研究了它们与企业评价(品牌水平上)、新产品改进及产品属性评价的关系,正面CSR联想能提高消费者对企业的综合评价和产品评价;同时,企业社会责任对消费者判断和选择的影响能力比较微弱同时以间接影响为主,他们认为企业社会责任主要通过对公司整体影响而发挥作用。

Drumwright(1994)、Handelman和Arnold(1999)、Osterhus(1997)、Sen和Bhattacharya(2001)的研究也发现,企业从事CSR行为可以使企业获得积极的产品与品牌评价、品牌选择、品牌推荐等。Ogrizek(2002)对二者关系进行了定性分析,认为企业社会责任能够对品牌产生影响。Kitchin(2002)通过定性分析认为,企业社会责任主要通过品牌这一中介变量来实现对利益相关群体的影响。Werther等(2005)从战略CSR出发,定性分析了CSR对品牌具有保险功能;Ricks Jr.(2005)利用实验方法研究了消费者对不同方式的企业战略性捐赠反应,研究结果显示,积极主动的战略性能显著地正向影响消费者对企业联想。Lafferty和Goldsmith(2005)利用实验方法研究公益事业-1品牌联盟在公益事业和品牌的关系中的作用时发现,将公益事业与知名品牌联盟可以改善对公益事业的态度,不管公益事业的知名度有多大,联盟关系都会积极正向影响消费者的品牌态度。

Sen等(2006)研究了消费者对CSR行为的感知正向影响消费者态度,以及消费者的行为意愿,并验证了消费者归因的调节作用。Biehal和Sheinin(2007)通过两个实验研究发现,企业能力信息要比CSR信息更有助于判断,导致更高的产品信念和更积极正面的产品态度。Pirsch等(2007)研究发现,消费者对具有制度型CSR计划的企业的态度要比具有促销型CSR计划的企业更积极。

Marin等(2009)研究发现,良好的企业社会责任形象会正向影响消费者对品牌的评价,并进一步通过C-CI影响消费者的品牌态度及购买意愿。Wagner等(2009)研究发现,企业非一致性的CSR信息以及企业在CSR信息上的沟通策略会影响消费者对企业伪善的感知,进而影响到消费者对企业态度和对CSR信念,其中企业的CSR信息沟通策略具有调节作用。

（三）小结

由本节的研究综述可见，消费者越来越关注企业的具体CSR表现（Carrigan and Attalla，2001；Ferrell，2001；Mohr and Webb，2005），实证研究发现消费者感知的CSR会正向影响购买意愿（Bhattracharya & Sen，2001），正向影响消费者对企业的评价（Mhor & Webb，2005）。

企业承担社会责任行为到消费者响应的作用过程一直受到众多实践界、企业界的怀疑，很多企业管理者深深陷入CSR迷思，原因之一就是未能将CSR带来良好的消费者响应的传导机制用坚实的理论基础阐述清楚，缺少从企业内部的责任向企业外部购买转移的联结机制。本书利用跨层数据，引用员工组织公民行为作为传导的中介变量，建立起企业内、外部的传导机制与桥梁。

国内学者的研究也证明了上述观点，即CSR会正向影响消费者购买意愿，提升企业的品牌价值。有学者认为，消费者购买意向是关于品牌的个人行动意向（Boulstridge et al.，2000）。①购买意向跟态度不同，态度是总结评估，而购买意向代表着一个人努力执行某个行为的内在动机（Eagly et al.，1993）。Fishbein等（2007）研究表明，消费者态度对购买意向有显著的影响。因此，本书采用消费者响应中的购买意愿、推荐意愿作为研究消费者响应的两个维度，不再考虑"态度"因素。

四、道德身份认同的调节作用

Identity中文译为"身份认同"，该词作为学术术语，最早由弗洛伊德提

---

① Boulstrige E，Carrigan M.，Do Consumers really care about corporate responsibility? Highliting the attitude-behaviour gap. *Journal of Communication Management*，2000，4（4）：355-368.

出。他认为,"认同"是指个人与他人、群体或准备模仿的人物在感情、心理上趋同的过程,是个体与他人有情感联系的某种表现形式。认同的本质是对共同点的"归属"。每个人都存在多重社会"身份",在"身份集合"中会根据不同的情景、认知程序确定最重要的"身份",并表现出与此相对应的行为。

身份认同引入营销学领域后,学者们主要研究了消费者重要身份特点对品牌认同、购买意愿等的影响。A. Reed II(2002,2004)、Aquino和Reed(2002)等人指出,消费者身份中那些自我感觉重要的身份(即Self-importance identity)才会对随后的消费决策、态度与行为产生影响。因此,进一步研究消费者个体对于整个自我图示(self-schema)中最重要的身份认同的关注点在哪里,这对营销学的相关研究来说至关重要,也是一个全新的消费者心理的研究视野。然而这些研究在国外也只是刚刚起步,鉴于中西文化的差异,中国的消费者是否也如此还是一个未知数,国内相关研究凤毛麟角。

(一)道德意识与道德身份认同

道德对经济生活的影响,概括来说主要表现在两个方面:一是怎么挣钱,二是怎么花钱。这两个问题也正是本书所要探寻的核心问题,即员工的道德认同如何影响员工的绩效,消费者的道德认同如何影响消费者的外在响应。

面对道德问题,人们往往会通过由信仰、态度和价值观念所组成的框架对道德意识形态进行分析(Forsyth and Nye,1990)。道德意识形态上的差异反映了人们对于道德问题合理解释的真实差异,道德意识决定了道德选择和道德行为(Hunt and Vitell,1986;Ferrell and Gresham,1985;Reidenbach and Robin,1988)。但是理论界很少有将个人的"道德"变量引入企业社会责任研究中的,因此本书将试图充实相关的理论研究。

道德意识,即指人们在决定什么是对或错的同时所使用的原则或规定(Ferrell and Fraedrich,1997)。Forsyth(1992)指出,个人道德信念、态度与价值形成个人的"道德意识"。根据O'Fallen与Butterfield(2005)的实证研究回顾,除了性别外,道德意识是道德决策最为广泛探讨的个人因素。

Reidenbach和Robin(1988)提出,不同的道德意识会产生评价上的冲突。也就是,某一种道德认同可能评判某件事是对的,但另一道德认同则可能评判为错的。而Reidenbach和Robin等学者(1990)更进一步地解释了道德认同与个人道德判断之间的关系。他们建议,人要根据不同情况与道德意识去做适当判断,也就是说,不同道德意识依照不同情况会有不同的改变,这是相当重要的。因此,不同学者在不同时间点对于道德认同这个框架有不同分类,而不同的道德意识分类对于道德判断也会产生不同的见解。

最早被提出来的道德认同为理想主义与相对主义。一开始Schlenker和Forsyth(1977)与Forsyth(1980,1992)提到道德判断存在的差异及道德认同的两个构面:第一构面为理想主义,即个人相信道德绝对性,并使用绝对的道德原则做出道德判断。理想主义者认为需要避免伤害他人,也不会选择伤害他人的负面结果。①另一个构面为相对主义,相对主义者认为规范性的信仰会因文化与个人而有所差异,在对道德问题做结论时,会拒绝公

① 理想主义指个人相信道德绝对性的程度,此型态的个人常会用绝对的道德原则做出道德判断。理想主义者对他人福祉投以较多关注,会尽量避免伤害到他人,相信借着正确的行动,即能得到个人偏好的结果(Forsyth,1980;Forsyth,Nye and Kelly,1988)。理想主义者会意识到达成目标成效前伦理道德之重要性(Singhapakdi et al.,1996)。Park(2005)用实证研究的方式验证了道德意识中的理想主义和企业社会责任呈现正相关;也有学者验证了理想主义与道德判断也呈正向关系(Singhapak-di et al.,1996;Vitell,Nwachukwu and Barnes,1993)。

式化或依靠一般道德原则。①

　　Cavanagh、Moberg与Velasquez等（1981）研究政策权力的行使需要哪些伦理道德上的考察，并探讨如何评价政策行为上的道德选择（political behavior alternatives，PBA）。由于目前管理理论着重于结果之重要性而非方法选择上的重要性，且认为伦理道德标准可以为组织政策制定提供丰富基础，并可降低政策权力在伦理道德应用方面的不确定性，Cavanagh、Moberg与Velasquez等（1981）发展出三种道德意识理论：即功利主义理论（utilitarian theories）——仅强调个人追求幸福的结果，权利理论（theories of right）——强调个人应得之权利，与正义理论（theories of justice）——着重行为或政策分配的影响。这些理论可以有效了解与预测哪一种政策行为上选择易引起哪一方面后果。Reidenbachand和Robin（1990）改进了不同道德意识特性的伦理道德量表，并发展了更多项企业伦理道德衡量模式，包含义务论（deontology）、功利主义（utilitarianism）、相对主义（relativism）、利己主义（egoism）与正义理论（justice theories）。上述五种意识，每个都与传统道德研究有所不同，且每个意识都有独特的内涵。

　　《商业伦理学》（Business Ethics）是一本由Crane与Matten（2007）合著的教科书，该书一开头便介绍什么是企业道德，即企业状况、活动与发布决策产生对错的研究，并提出伦理道德（Ethics）是道德规范（Morality）合理化

---

① 相对主义者认为，道德判断必须视所处环境及所涉入的个人而定，不一定要依照道德的准则或规范（Forsyth et al.，1988）。相对主义理论较接近情境伦理学理论（situational ethics theories），其道德判断会根据每一特殊情况，采用不同的方式去评价可能结果与其他特殊因素（Kolodinsky et al.，2010）。相对主义者较难去支持或在意伦理道德（Forsyth et al.，1988），也不容易表现出诚实与正直（Vitell et al.，1993）并具有低度的道德观念（Singhapakdi，Vitell and Franke，1999）。有不少文献认为，相对主义与企业社会责任呈现负向关系。Singhapakdi等人（1995）研究显示，持有相对主义的企业人往往认为道德与社会责任对于公司并不重要。Sparks & Hunt（1998）发现道德敏感性与相对主义呈负向关系。此外，有研究发现相对主义与社会责任之重要性有负面关系（Etheredge，1999；Park，2005）；与道德判断也呈负向关系（Singhapakdi et al.，1996；Vitell et al.，1993）。

的一种形式,明确道德规范特征有助于使伦理道德的概念更为明晰,两者的相关性更为紧密。而伦理道德产生的理论为道德理论(Ethical theory),是以权利为根据的道德理论在基本人权上有公认的基础,因此极具影响力,同时,该理论可解释各种情况的道德问题。此外,作者提出道德理论可产生出正确道德行为方式,而且可作为决定某一情况对或错的判断准则。因此,作者将道德意识分为利己主义(egoism)、功利主义(utilitarianism)、伦理道德义务(ethics of duties)、权利理论(theories of right)与正义理论(theories of justice)。

Frederiksen(2010)探讨以上四项道德意识并分析其价值与潜在企业道德伦理,并实证检验企业社会责任政策与道德意识理论间的关系。他将道德意识分为两大类,即目标导向理论(teleological goal-orientated theories)与责任基础道义理论(duty-based deontological theories),而目标导向理论包含利己主义(egoism)与功利主义(utilitarianism)。责任基础道义理论则包括自由主义(libertarianism)与一般观念性道德(common-sense morality)。Frederiksen(2010)强调,此分法与其他基本道德哲学框架基本一致。Kolodinsky等(2010)探讨了四项所预测的道德意识与商学院学生对于企业社会责任态度之间的关系。后来的学者在研究中又重点关注了利己主义与利他主义两种道德意识与社会责任感知之间的关系。

利己主义者相信正确道德行为,就是极力推行有关利己一切事项(Crane and Matten,2007;Reidenbach and Robin,1990)。而关于企业社会责任,利己主义者认为他们并无道德义务去使他人获利,只需考虑公司本身获利,也就是指公司应关心员工、当地社区或需要帮助的陌生人士(如非洲贫民窟的人)。因此,道德利己主义者只做对其最有利的事(Frederiksen,2010)。根据Chong(1992)所述,大部分利己主义者认为,每个人都应该关心自己与自己的福祉,并去追求专属于自己的利益。此外,利己主义者总试着去极大化自身的利益,而完全不在乎他人的利益。

许多学者(Galston,1993;Krebs and Van Hesteren,1992;Rushton,1980;Sorokin,1948)认为,利己主义行为的相反一端为利他主义。Krebs和Van Hestern(1992)认为,利他主义的共同特征是为了增加他人的福利。Crosbie与Oliner(1999)则认为,利他主义兼具了奉献与牺牲自我,利他主义的爱是一种付出,而牺牲往往涉及重要利益的牺牲,包括奉献个人性命。利他主义者的中心思想是为帮助他人获利,此思想本质类似于传统上所称的"仁爱"(Jeffries,1999)。根据Jeffries等(2006)的研究,利他主义者总是亲切的,并富有同情心,更乐于帮助他人,且愿意为他人牺牲奉献。

Singhapakdi等(1996)提出,道德与社会责任认知对组织绩效相当重要,且企业管理者、员工个体特性更是两者之间传导的重要介质。Shafer、Fukukawa和Lee(2009)提出,企业管理者的道德认同及对于企业社会责任的倾向,是决定一个企业是否成功并永续经营的重要因素。此外,道德意识会影响一个人的伦理道德行为与认知(Singhapakdi et al.,1995;Vitell,Rallapalli and Singhapakdi,1993a)。从上述观点可知,道德意识、道德认同对于员工的社会责任态度乃至行为表现都是有显著影响的。

Rodrigo和Arenas(2008)以员工类型来探讨员工是否在乎企业社会责任。其目的是探索不同员工对于实行不同类别企业社会责任程序所产生反应,从而以道德认同的角度对员工进行分类:一是忠诚员工(Committed Employee),他们非常关注社会的整体福利、公平正义,具有高度的道德认同感,认为CSR对组织至关重要。二是中立员工(Indifferent Employee),他们的工作并非出于对社会的关切,而是基于自身职业发展的需要,具有一定的道德认同感,但是出发点和关注点是工作本身。三是对立员工(Dissident Employee),他们更关心为什么不把投入企业社会责任方面的钱用来提高员工薪资。他们视工作为基本生活来源而已,有较低的道德认同感。

以上研究都是在西方社会、企业背景下进行的,而在我国情境下研究个体道德意识、道德认同的研究还远远不够。因此,本书引入了道德认同变量,探寻员工、消费者个体行为产生的内在心理逻辑,这无论对于理论研究还是现实管理都具有非常重要的意义。

(二)道德身份认同的作用

Erikson(1964)提出,身份认同根植于每个人的核心价值体系之中,包括认识自己行为方式的真实原因,以及对世界的反应、认知等。"身份认同"是社会成员的一种主动选择,是对于自我身份的期待、接受和认同,同时也包含了责任、忠诚对象、认同和行事规则。如果这些理由不同,对各自的身份认识不同,那么社会成员的忠诚和归属就会随之不同(张静,2006)。"身份认同"的概念是社会学研究的重要课题,不仅因为它是一种现实存在,更是源于它对整个社会体系构建起着非同寻常的作用,"身份系统"会使得社会中零散、分散的个体聚合成一个具有某些共同特征的整体。

道德身份认同是一种驱动道德行为的自我约束机制(Blasi,1984;Damon and Hart,1992;Erikson,1964;Hart,Atkins and Ford,1998)。作为人们所拥有的诸多社会"身份认同"之一,它是人们构建自我身份认定的重要基础,是明确个人信仰、态度及行为的重要依据(Cheryan and Bodenhausen,2000;Forehand,Deshpande and Reed,in press;Shih,Pittinsky and Am-bady,1999)。基于自我概念、社会认同等理论,Karl Aquino、Americus Reed II(2002)通过系统研究,提出道德身份认同的概念、内涵并开发相关量表。首先,他们用2个前测实验、6个正式实验研究提出了道德身份认同的定义;其次,用实验的方法开发了道德身份认同量表;同时,还提出道德身份认同(moral identity)、道德认知(moral cognition),以及道德行为(moral behavior)之间具有显著正向关系。

Karl Aquino和Americus Reed II（2002）提出了道德身份认同的具体含义，他们指出，道德身份认同是由一系列具体的道德品质组成的，而且会植根于个人意识当中，具有相当的稳定性，这些品质决定了人们会怎么想，如何感受，怎么做。通过实验，他们提出了九个道德身份认同的具体品质：爱心（caring）、同情心（compassionate）、公平选择（fair）、友好（friendly）、慷慨大方（generous）、乐于助人（helpful）、努力（hardworking）、诚实（honest）、善良（kind）。在此基础上，他们通过实验验证了道德身份认同、道德意识、道德行为之间存在显著的正相关。同时，该研究最大的贡献，是提供了道德身份认同的测量表，为后续研究奠定了很好的基础。

根据传统的道德发展理论，道德行为是一种能够满足他人需求的行为，是由道德身份认同而引发的有利于他人的行为方式（Eisenberg，2000；Gilligan，1982）。道德身份认同越强的人，越会参与慈善等道德行为，这主要是源于他们内心对道德的认同感，而不仅仅是来自外部社会的压力（Hart et al.，1998）。根据该理论还可以证明，道德身份认同强的人，更容易获得心理满足感和更高程度的心理契约，因为他们的道德行为完全符合他们的自我认知（Hart et al.，1998；Younis and Yates，1999）。

基于以上研究，Americus Reed II、Karl Aquino和Eric Levy（2007）以道德身份认同作为调节变量，用实验的方法研究了消费者的慈善行为（付出时间、付出金钱）与决策偏好之间的关系。他们根据Erikson（1964）关于心理认同理论的研究，将道德认同分为两个维度：一是内化的道德认同（internalization），即道德品质深深根植于个人观念中；二是外显的道德认同（symbolization），即道德品质通过社会压力的方式传导到个人行为。该研究证明了道德身份认同比其他社会认同的作用更大，同时验证了内化的道德认同比外显的道德认同的行为驱动力更大，更容易影响消费者决策，从而对消费者的道德消费行为存在调节作用。

因此,本书采用道德身份认同变量,通过测量员工的道德身份认同强弱,考察企业承担员工责任对组织公民行为的调节作用,以及测量消费者道德身份认同的强弱,考察消费者的外在响应是否会受到影响。

(三)小结

研究发现,道德行为源于个体的社会性道德认知,以及回应他人需求的意愿（Gilligan,1982；Kohlberg,1969；Rest,1979）,因此道德身份认同开始被引入组织行为及消费者行为的心理研究中。Rodrigo和Arenas(2008)从道德认同角度研究员工是否在乎企业社会责任,并借此对员工进行了分类。Webb(1998)认为,不同类型的消费者具有不同的企业社会责任感知,其中消费者个人特征,如道德认同可能会影响消费者是否以及在何种程度上对企业承担社会责任做出响应(Brown et al.,1997)。

基于国外的文献研究成果,本书认为引入道德身份认同构念,对员工行为、消费者行为进行中国情境下的研究具有很大的理论意义和现实意义。本书采用Americus Reed II、Karl Aquino和Eric Levy(2007)提出的道德身份认同量表,并细分为内化、外显两个维度,分别测量员工的道德身份认同对组织公民行为的调节作用,以及内化的道德身份认同是否具有调节中介作用；同时测量消费者的道德身份认同强弱对消费者响应的调节作用。

第三章
理论基础与研究框架

本章通过对社会交换理论、心理契约理论进行阐述,并在借鉴和结合相关理论的基础上构建出本书的基本理论模型,同时对理论模型各个变量间的逻辑关系进行深入的分析和理论推演,最终,结合第二章的文献综述构建并确定本书的研究模型,同时提出本书的研究假设。

一、社会交换理论

社会交换理论的创始人是社会学家 Homans,他在亚当·斯密古典政治经济学的交换学说理论基础上,于 1958 年创立了社会交换理论,在《社会行为:它的基本形式》中,Homans 进一步扩大了社会交换理论的概念和范围。

(一)社会交换的含义

Homans 认为,人们的一切社会活动都是一种交换活动。在 Homans 的理论基础上,另一位学者 Blau(1964)延伸了社会交换理论的概念,几乎涵盖了社会各个层次,他研究的是更为复杂的交换系统,是基于组织宏观层面上的分析。Blau 对经济学中的"奖励"和"资源"两个概念从社会交换理论角度重新进行了解释。他认为,"奖励"可从内在和外在两个不同角度进行划分:"内在奖励"侧重精神上和感情上的激励,"外在奖励"偏重通过社会交换来谋求其他利益。"奖励"一般有四个不同层次:一是获得物质,二是社会认同,三是得到尊重,四是使人服从,四者价值不同,是由低到高的。Blau 认为,"资源"可从客观和主观两个角度进行划分,"客观资源"主要包括属于个人的金钱、实物、名望、地位等,"主观资源"主要包括个人拥有的经验、知识、技能等,客观资源和主观资源都可以作为社会交换的对象。在 Homans 和 Blau 之后,Emerson、Coke、Molm 等人对社会交换理论不断研究并使之丰富。

社会交换行为的动力是为了获取回报,它是一种自愿行为,前提是交换双方的相互信任。组织成员的组织公民行为,以社会交换理论进行分析,可以看做在社会交换基础上的一种意愿性回报行为。组织成员的满意感一定程度上来源于管理者的努力,如企业对员工的负责任行为等,当这种努力被组织成员觉察后,组织成员就会要求自己对管理者的努力做出回报,进而表现出高组织公民行为。

(二)社会交换的内容

1. 协商交换

协商交换,是指参与交换的行动者需要进行讨价还价式的协商过程,双方的动机都是为了寻求利益,具有很明确的目的性和利己主义特点。它主要应用于经济交换领域,参与者为尽快达成交易、提高经济效率,往往会提出明确的交换条件。协商交换的这些特征使它不太适用于社会生活领域,因为人们的社会行为如果用经济原则来规范,就会产生大量的消极后果。

2. 互惠交换

互惠交换与协商交换不同，参与者进行的交换是在不同的时间点上完成的，双方并未就某些交换条件进行协商。简而言之，互惠性交换是一种博弈，是双方多次交换的结果，一方的行动要受另一方是否发出有利于对方的行为而定，行动者可以向交换伙伴给予有价物品，也可以自己保留，甚至拒绝给予，这都要看对方是否做出有利于自己的行动。大多数社会生活领域的交换是互惠交换。有学者研究认为，在互惠交换中利益是单向流动的，行动者的交换决定和行为都是单独进行的，只是这种行为可能在未来的某一个时间点上能够产生互惠性的利益。①

(三)社会交换与组织公民行为的研究

社会交换理论认为，人与人之间关系的核心是交换关系。Blau(1964)提出，社会中的个体在社会生活中不仅交换生活物质，还会交换经验、信息、情感、技术等非物质资源。同理，员工与组织关系的本质也是一种交换关系，双方是在资源交换基础上进行互动并形成相互依赖关系的。企业对员工主要承担工资薪酬、职业规划、人文关怀、培训晋升等社会责任，员工会通过积极地工作、为企业创造利润、维护单位形象等回报企业。因此，根据社会交换理论的互惠原则，建立并完善组织-员工交换关系，通过企业充分履行对利益相关者的社会责任，会正面影响员工的工作态度和工作行为，使员工认识到组织的相关支持，进而产生亲社会的组织文化，降低离职率，不断增加工作成效。

---

① 李艳春:《论社会交换的概念与形式》,《求索》2014 年 1 月。

二、心理契约理论

心理契约理论（Psychological Contract）源自社会交换，属于社会心理学的研究范畴，20世纪60年代后开始应用于管理学领域，最早借以描述员工-组织之间微妙的关系，是一种除了经济契约之外，非正式的、隐性的相互关系。

（一）心理契约的内涵及特点

心理契约理论是 Argyris 于 1960 年在《理解组织行为》一书中首先提出的。而第一次对心理契约进行概念界定的是 Schein（1980）："在组织中，每个成员和不同的管理者以及其他人之间，在任何时候都存在的、没有明文规定的一整套期望。"该概念强调了心理契约是人与人之间的一种关系。自从有了完整、清晰的概念界定，心理契约的研究与应用得到了迅速发展。直到 90 年代，Rousseau（1990）发表了《组织中的心理与隐含契约》，她提出的心理契约概念不再是一种"双方"的关系，而是存在于个体意识层面的一种主观信念。我国学者陈加洲（2001）在系统阐述西方心理契约理论的基础上，将心理契约的概念引入国内组织中的研究，他提出了适合中国情境的心理契约定义："雇用双方对雇用关系中彼此对对方应付出什么，同时又应得到什么的一种主观心理约定，约定的核心成分是雇用双方内隐的不成文的相互责任。"[①]

理解心理契约内涵需要从研究心理契约是如何形成的入手。Rousseau

---

① 陈加洲、凌文辁、方俐洛：《组织中的心理契约》，《管理科学学报》2001 年第 2 期。

（1994，2001）提出心理图式①（Schema）的概念，认为个体修正心理图式的过程就是心理契约形成的过程。而如何修正，正是影响心理契约形成的关键。主要有两种影响因素：一是外部因素，主要包括社会文化、道德规范、组织氛围等。不同的文化环境生成的心理契约具有较大差异，如美国员工会因提高薪酬与快速晋升产生心理契约。英国员工则更在乎安全的工作环境（Thomas and Anderson，1998）。二是个体因素；个体对于输入信息的解读对心理契约的产生影响更显著（Rousseau，1995）。个体的心理编码过程主要受稳定的价值观、态度、道德取向、性格特点等影响。

通过以上文献梳理，可以得出心理契约具有以下三个鲜明的特点：一是主观内隐，心理契约是个体主观的一种独特感受。二是动态变化，随着时间的推移，个体心理图式会不断充实扩展。三是时代特点，由于心理契约会受外部影响因素的影响，因此心理契约会具有鲜明的时代性，②其变迁过程可参看表3-1。

表3-1 过去心理契约与现在心理契约的比较

特征	过去的契约	现在的契约
关注的焦点	工作保障、持续工作、忠诚	交易性、可雇用性
契约的形式	有结构的、可预期的、稳定的	无结构的、灵活的、可协商的
建立的基础	惯例、公平、社会公正、社会经济地位	市场驱动、交易性、能力、技能、附加价值
雇主的责任	稳定持续、工作保障、培训、职业规划	对附加价值（利益）的公平回报
雇员的责任	忠诚、持续工作、参与、绩效达标、遵从权威	务实、创新，有提高绩效表现的能力，良好的绩效表现

---

① 心理图式是基于过去的经验而发展起来的，是个体成长经验、个性特点以及个体职业价值取向等多个因素综合影响的一种心理状态。它建立在过去的经验之上，并指导人们对新信息做组织加工（Stein，1992）。个体起初对信息掌握有限，其心理图式是不完整、不稳定的，是基于先前的经验所构建；进入组织后，通过不断积累经验来修正心理图式，调整期望，提高对未来的预测精度，从而使心理图式趋于完整、稳定（Shore and Terick，1994）。而这一过程，即是心理契约形成的过程。

② Hiltrop J. M. The changing psychological contract：the human resource challenge of the 1990s. *European Management Journal*，1995，13：286-294.

续表

特征	过去的契约	现在的契约
契约关系	正式的,大多要经由中介机构来代理	个人有权对他们在公司内或公司外的行为负责
职业生涯管理	组织的责任,由人事部门规划和推动获得在组织内的螺旋式发展	个人的责任,经由个人技能的培训提高获得在组织外的螺旋式发展

(二)心理契约的内容与维度

心理契约是 A、B 双方交换、互动的一个过程,所以站在 A、B 不同的角度上,对心理契约内容的认识就不一致,以员工、组织为例,角度不同,心理契约的内容就不同。20 世纪 90 年代后,管理学界开始大量进行实证研究,主要是从员工的角度对组织责任进行研究,表 3-2 列出了其中有代表性的研究。

表 3-2　员工心理契约中的组织责任代表性研究

研究者	Porter 和 Pearce 等 (1998)	Tumley 和 Feldman (1999,2000)	Shapiro 和 Kessler(2000)	Kickul 和 Lester (2001,2002)
调查对象	4 家公司 51 名主管和 339 名员工	804 名跨国公司的银行经理和海外经理	703 名管理者和6953名雇员	246 名在职 MBA 学员
组织责任	1.公然的赏识 2.绩效奖励 3.有意义有兴趣,具有挑战性的工作 4.发展机会 5.自主、负责 6.至少一年的工作保障 7.效率高加工资 8.员工参与决策 9.决策中考虑员工利益	1.工作保障 2.定期涨工资 3.参与决策 4.红利 5.培训 6.工作责任 7.工资 8.组织支持 9.提升发展 10.有挑战性的工作 11.主管支持 12.退休福利 13.总体福利 14.职业发展 15.绩效反馈 16.保健福利	1.同等报酬 2.同等福利 3.报酬与责任挂钩 4.随着生活水平的提高增加工资 5.必要工作培训 6.新知识、新技能培训 7.组织支持 8.长期工作保障 9.良好的职业前景	1.灵活的工作时间 2.有竞争力的工资 3.安全的工作环境 4.奖金 5.自由决策 6.工作自主性 7.有控制性 8.参与决策 9.有挑战性的工作 10.发展机会 11.组织支持

　　由于心理契约内容丰富,后来的研究者们开始以内容为基础,进行不同的维度划分。具有代表性的心理契约维度主要有:Rousseau(1990)两种类型心理契约、Rousseau(1995)四种类型的心理契约划分。两种类型心理契约的特点如表3-3所示。

表3-3　两种类型心理契约的特点

契　约	特　点
交易型心理契约	具体的经济条件(如工资水平)是主要诱因; 在工作中个人投入水平有限(时间短、情感投资低); 主要运用已有技能(不开发新技能); 契约内容清楚明确。
关系型心理契约	在经济方面交互作用同时有情感投入(个人支持、家庭关注); 影响到全方位的个人关系(如个人的成长和开发,家庭生活); 契约内容动态而灵活,更多是隐含的和主观上的理解。

　　Rousseau(1995)后来的实证研究中,在前期研究的基础上,又加入绩效、时间两个变量,将心理契约划分成更加清晰的四维度,如图3-1所示。

绩效要求

	明确界定的	没有明确界定的
短期的	**交易型:** (如圣诞节期间商店临时雇员的心理契约) 1.明确的和确定的契约条款 2.易离职或高离职 3.低成员承诺 4.自由达成新契约 5.完全用不着学习 6.高的整合或认同	**变动型:** (如机构整顿期间或组织合并、重组期间雇员的心理契约) 1.模糊的和不确定的契约条款 2.高离职或易终止 3.不稳定
长期的	**平衡型:** (如高卷入度团队成员的心理契约) 1.高团队承诺 2.高的整合或认同 3.正进行开发活动 4.相互支持 5.有动力	**关系型:** (如家庭企业成员的心理契约) 1.高团队承诺 2.高情感承诺 3.高的整合或认同 4.稳定

契约期限

图3-1　Rousseau 心理契约的四维度特征

学者们不断深化对心理契约的研究，并从不同的研究视角提出了心理契约的维度划分方法。有学者提出了三因素划分，[1]有学者认为包含七维度内容。[2]总之，对心理契约内容和维度的探讨，学术界尚未形成一致的结论，但是核心观点离不开经典的两维度模型，如图 3-2 所示。

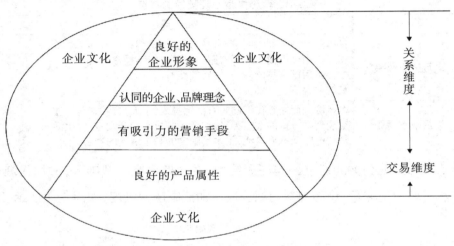

图 3-2　心理契约的内容及维度金字塔

(三)心理契约与组织公民行为的研究

作为个体层面的组织公民行为，是指组织成员愿意贡献超出原本契约上所规定的义务，进而发展成一种自发性的有利于组织的行为。实际上，关系型的心理契约是双方相互作用的结果，如图 3-3 所示。

---

①　Shapiro J. C., Kessler L. Consequences of The Psychological Contract for the Employment Relationship: A Large Scale Survey. *Journal of Management Studies*, 2000, 17:903~930.

②　Rousseau D. M. Psychological Contract Inventory Technical Report. http://www.andrew.cmu.edu/user/rousseau/0_reports/ reports.html, 2002.

图 3-3 心理契约构成

可见,心理契约是一整套个人与组织所持有的心理期望的集合,其构建过程实际上是一种个人、组织相互寻求平衡的过程。但心理契约形成的基础仍然是员工与组织之间的交换,包括物质交换和精神交换。所不同的是,这种交换形成了一种心理上的默契。一旦没有交换,默契就会停止,组织公民行为也就不会发生。事实上,组织公民行为作为一种自愿的、不图报酬的行为,同样是一种心理上的默契,但并非所有组织公民行为都是契约式的;相反,大多数自愿行为都不可能因契约而萌发。因此,心理契约比正式契约更能有效地解释企业承担员工责任对员工产生组织公民行为的内在逻辑。

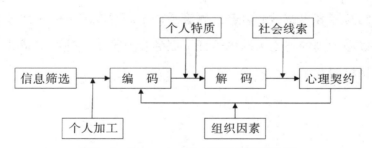

图 3-4 Rousseau 的心理契约建构模型

最早以心理契约的视角研究消费者行为的时间, 可以追溯到 1965 年:Cardozo(1965)首次将顾客满意的观点引入营销领域,并以实验的研究方法测量了产品购买前的顾客期望,认为期望是一种心理契约,从而会正向影响顾客满意。[1]国内学者王淑红(2005)[2]基于心理契约理论,提出了消费者会在产品与服务的四个方面形成"心理契约":产品(服务)质量、营销服务人员、售后服务、企业形象与社会责任等。

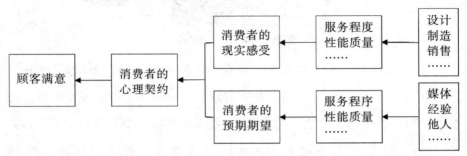

图 3-5 基于心理契约的顾客满意模型

罗海成、范秀成(2005)[3]根据 Rousseau 经典的心理契约建构模型(见图 3-4)[4],针对中国消费者情境进行相应调整,开发了具有较好的信度和效度的营销领域的心理契约模型(见图 3-5)。同时,他们在美容(与人的关系)和维修(与物的关系)两个行业用结构方程模型的方法研究证实了心理契约与顾客忠诚、顾客信任、顾客承诺之间存在显著的正向影响。该研究在以心理契约理论为基础验证了服务企业员工与外部消费者之间的关系营销机制。

① Roehling, M. V.. The Origins and Early Development of the Psychological Contract Construct. *Academy of Management Proceedings*, 1996, 202–206.

② 王淑红:《基于心理契约基础上的顾客满意管理》,《中南财经政法大学学报》2005 年第 5 期。

③ 罗海成、范秀成:《基于心理契约的关系营销机制:服务业实证研究》,《南开管理评论》2005 年 8 卷第 6 期。

④ Rousseau, D. M.. New Hire Perception of Their Own and Their Employer's Obligations: A Study of Psychological Contracts. *Journal of Organizational Behavior*, 1990, 11(5): 389–400.

三、研究框架与基本假设

(一)研究框架及模型

基于社会交换理论与心理契约理论,本书遵循"行为—认知—评价—行为"的范式研究企业对员工的社会责任与消费者跨层次响应的关系,探究员工、消费者个人特质影响整个过程内在机制,重点关注三个方面的内容:①主效应,重点研究企业承担员工社会责任对消费者响应的影响机制。②中介效应,研究在主效应发生过程中,员工组织公民行为与消费者响应之间路径关系的跨层中介机制;同时,考察员工内化的道德认同在企业承担员工社会责任与员工组织公民行为之间的影响作用,以详细刻画员工的心理变化机制。③调节效应,重点研究员工外显道德身份认同在各自认知与行为中的调节效应;同时,重点研究企业类型在主效应之间的调解效应。

基于以上考虑,本书的核心变量及其逻辑关系归纳总结如图3-6。

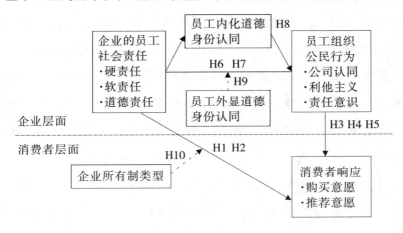

图3-6　研究框架及模型图

(二)基本假设

由社会交换理论和心理契约理论可知,知觉者(在此为消费者)会根据行为者(在此为企业员工)的行为结果以及行为本身来决定自己用何种行为进行交换和回报,这种推断反过来会影响知觉者对行为者的评价、态度以及随后采取的行为,本节将按照这一社会交换、心理契约作用机制,根据前文文献综述及相关理论,依次提出相关假设。

1. 企业对员工社会责任与消费者响应之间的关系

社会交换理论认为,人和人交往过程中会伴随一系列交换过程,从而在交换过程中找到各自所需的东西;心理契约理论也提出,消费者会与服务员工产生购买之外的心理契约(王淑红,2005)。Sen 和 Bhattacharya(2001)通过研究认为, 良好的企业社会责任绩效有助于改善顾客对企业的认同和评价,并且会对顾客购买行为产生积极影响。

消费者对企业的 CSR 行为期望及感知的企业行为, 会显著影响消费者行为意向:使其更愿意为具有道德行为的企业产品支付溢价,并对具有非道德行为的企业进行惩罚(Creyer and Ross Jr., 1997);当消费者感知到某企业为履行社会责任而努力后, 其更愿意购买该企业的产品(Murray and Vogel, 1997),给予更好的企业评价、增加购买行为(Lichtenstein et al., 2004);积极的 CSR 信息会显著影响消费者的购买意愿(Mohr et al., 2001; Sen and Bhattacharya, 2001; Mohr and Webb, 2005;谢佩洪和周祖城, 2009)。从具体内容看,从捐助慈善事业、环境保护以及善待员工三个层次来衡量企业的社会责任行为,对消费者的购买意愿具有显著影响(周延风等, 2007);从企业在行业内的企业社会责任水平的视角看,在社会责任处于行业不同水平时消费者选择企业产品时的购买意愿存在显著差异(周祖城和张漪杰,2007)。但是以上研究都没有单独研究企业对员工的社会责

任与消费者响应之间的关系,基于此,本书提出假设 H1、H2 及其子假设:

　　H1:企业对员工的硬责任水平与消费者响应正相关

　　　　H1a:企业对员工的硬责任水平越高,消费者推荐意愿越强

　　　　H1b:企业对员工的硬责任水平越高,消费者购买意愿越强

　　H2:企业对员工的软责任水平与消费者响应正相关

　　　　H2a:企业对员工的软责任水平越高,消费者推荐意愿越强

　　　　H2b:企业对员工的软责任水平越高,消费者购买意愿越强

　　2. 组织公民行为与消费者响应之间的关系

　　我们可以把社会交换理论的基本原则简单理解为感受到以友善回报友善。服务利润链理论也认为,企业以负责任行为服务员工,员工满意驱动好的员工表现和绩效,从而驱动消费者满意,最终获得良好的企业利润。

　　Schmit 和 Allscheid(1995)的研究证实了员工服务态度与顾客满意存在传导机制,首先由员工感知企业提供的福利、服务环境,进而产生潜质的情感联系,好的环境可以提高员工为顾客提供高质量服务的意向,最终与顾客服务行为密切相关。[①]蒲国利等(2010)、江晓东(2011)等分别研究证实了组织公民行为与服务质量、顾客信任、顾客满意存在显著的正相关。

　　根据心理契约理论和社会交换理论,员工首先与企业之间产生了有效的内部交换,企业良好的"责任"表现,激发员工形成良好的心理契约,进而产生了组织公民行为。此后,员工的组织公民行为与消费者之间再次发生了价值交换(George,1991;Kelly and Hoffman,1997)。本书的行为对象是内部的员工与外部的消费者。因此本书认为,组织公民行为在企业对员工责任与消费者响应之间会起到中介作用。

---

　　① Schmit, M. J., Allscheid, S. P.. Employee Attitudes and Customer Satisfaction:Making Theoretical and Empirical Connections. *Personnel Psychology*, 1995,48(3):521–536.

组织公民行为中的公司认同、利他行为、责任意识等维度会让员工在社会交换的过程中，增加服务主动性，促进服务员工的客户导向意识，提高服务质量，进而通过心理契约的作用，能够赢得消费者响应。因此，我们推断员工的组织公民行为会产生积极的消费者响应，故分别提出以下假设：

H3：公司认同在企业对员工社会责任与消费者响应之间起中介作用

  H3a：公司认同在企业对员工硬责任与消费者响应之间起中介作用

  H3b：公司认同在企业对员工软责任与消费者响应之间起中介作用

H4：利他行为在企业对员工社会责任与消费者响应之间起中介作用

  H4a：利他行为在企业对员工硬责任与消费者响应之间起中介作用

  H4b：利他行为在企业对员工软责任与消费者响应之间起中介作用

H5：责任意识在企业对员工社会责任与消费者响应之间起中介作用

  H5a：责任意识在企业对员工硬责任与消费者响应之间起中介作用

  H5b：责任意识在企业对员工软责任与消费者响应之间起中介作用

3. 企业对员工社会责任与组织公民行为之间的关系

组织公民行为被视为一种特殊的员工行为，该行为是一种不包括在工作范畴且不被组织所奖酬的员工自发的行为（Organ，1990）。当个体感知到组织给予他们的经济和社会情感资源时，他们将会以组织公民行为作为其回报方式（Cropanzano，2005）。[1]已有研究表明（Gerstner，1997），组织为员工提供较多的资源会使员工期望通过提高组织公民行为来寻求与组织之间平衡互惠的交换关系。[2]

---

[1] Cropanzano，R. & Mitchell，M.S.，Social Exchange Theory，An Interdisciplinary Review. *Journal of Management*，2005，31(6)：874–900.

[2] Gerstner，Charlotte R.；Day，David V.，Meta-Analytic Review of Leader-member Exchange Theory：Correlates and Construct Issues. *Journal of Applied Psychology*，Vol 82(6)，Dec 1997，827–844.

根据社会交换理论,Cropanzano(2005)等提出,企业承担对员工的社会责任(有竞争力的薪酬、培训和晋升机会、有效的组织支持以及组织关怀等)将会得到员工的超越工作本身的回报(努力工作和忠诚、自觉维护组织形象、利组织行为等)。[1]

根据心理契约理论,企业承担良好的员工责任,员工会通过感知,找到双方形成心理契约的平衡点,形成员工-组织心理契约,使得员工积极主动承担角色外行为,提高组织绩效。对于服务行业而言,员工感知到企业良好的员工责任,则会转化为更加积极的服务意识,尽可能让顾客满意,这实质上就是一种组织公民行为。

何显富、陈宇等(2011)提出企业社会责任正向影响组织公民行为。何显富等也通过实证研究证实了上述观点。[2]然而之前的研究大多是在社会责任的整体框架下进行的,并没有针对"员工社会责任"这一具体方面,分维度对员工的组织公民行为所产生的影响进行研究。因此,本书分别考量企业对员工的不同的责任维度对组织公民行为所产生的影响,故提出假设 H6、H7 及其相应的子假设:

H6:企业对员工的硬责任水平正向影响员工组织公民行为

    H6a:企业对员工的硬责任水平越高,员工对公司认同越强

    H6b:企业对员工的硬责任水平越高,员工的利他行为越强

    H6c:企业对员工的硬责任水平越高,员工的责任意识越强

H7:企业对员工的软责任水平正向影响员工组织公民行为

    H7a:企业对员工的软责任水平越高,员工对公司认同越强

    H7b:企业对员工的软责任水平越高,员工的利他行为越强

---

[1]　Cropanzano,R. & Mitchell,M. S.,Social Exchange Theory,An Interdisciplinary Review. *Journal of Management*,2005,31(6):874—900.

[2]　何显富、陈宇等:《企业履行对员工的社会责任影响员工组织公民行为的实证研究——基于社会交换理论的分析》,《社会科学研究》2011 年第 5 期。

H7c：企业对员工的软责任水平越高，员工的责任意识越强

4. 道德身份认同的作用

企业社会责任本身就涉及道德伦理范畴。Carroll（1979）提出的企业社会责任"金字塔模型"将企业的社会责任分为经济、法律、伦理和慈善四个层次，明确指出在经济和法律层面之上，企业的社会责任还包括伦理和慈善两个层面的内容。因此企业社会责任行为是有其很强的道德属性的。

Cohen（1995）认为，组织的道德氛围是可以显著影响企业员工的道德行为的。VanSandt 等（2006）通过实证研究证明了组织的道德氛围是企业员工道德意识的一个重要预测变量。可见，企业对员工的社会责任行为本身所具有的道德属性有利于引发员工的道德行为——组织公民行为。

然而学术界对于员工个体的道德特征对员工道德行为的影响作用研究还不够。本书引入员工的道德身份认同，来考量其在企业对员工社会责任与员工组织公民行为之间所起到的作用。道德身份认同是一种驱动道德行为的自我约束机制，作为人们所拥有的诸多社会"身份认同"之一，它是人们构建自我身份认定的重要基础，是明确个人信仰、态度及行为的重要依据（Cheryan and Bodenhausen，2000；Forehand，Deshpande and Reed，in press；Shih，Pittinsky and Am-bady，1999）。Karl Aquino、Americus Reed II（2002）提出了道德身份认同是由一系列具体的道德品质组成的，而且会植根于个人意识当中，具有相当的稳定性，这些品质决定了人们会怎么想、如何感受、怎么做。在此基础上，他们通过实验验证了道德身份认同、道德意识、道德行为之间存在显著的正相关。

Americus Reed II、Karl Aquino 和 Eric Levy（2007）根据 Erikson（1964）关于心理认同理论的研究，将道德认同分为两个维度：一是内化的道德认同（internalization），即道德品质深深根植于个人观念中；二是外显的道德认同（symbolization），即道德品质通过社会压力的方式传导到个人行为。该

研究证明了道德身份认同比其他社会认同的作用更强，同时验证了内化的道德认同比外显的道德认同的行为驱动力更大，更容易影响消费者决策，从而对消费者的道德消费行为存在调节作用。

道德推理理论（moral reasoning theory）认为，人格特点是导致行为差异的原因，其中包含责任感、利他主义等（Kohlberg，1971，1984）。在营销学领域，对道德身份认同这一构念的研究还比较少。综上所述，内化的道德身份认同会对组织公民行为产生直接影响，外显的道德身份认同可能会正向调节这一作用过程，因此提出以下假设：

H8：员工内化道德身份认同在员工社会责任与组织公民行为的关系中起中介作用

　H8a：员工内化道德身份认同在员工硬责任与组织公民行为的关系中起中介作用

　H8b：员工内化道德身份认同在员工软责任与组织公民行为的关系中起中介作用

H9：企业的员工责任与组织公民行为受到员工外显道德身份认同的调节作用，员工的道德身份认同水平高，会强化组织公民行为

5. 不同所有制企业在员工社会责任方面的绩效差异

徐淑英和张志学（2006）认为，建立全球管理知识需要针对更加具体的情境进行研究，即本土化的研究。第一种情境因素是利用国家特征的不同，作为因变量来预测组织或个人某些现象的不同；第二种重要类型，是把国家特征作为调节变量。本书正是在情境研究理论的指导下，引入中国背景下企业所有制类型（国有企业、民营企业、外资企业）作为调节变量来研究其对主效应的差异。

改革开放以来，我国从单一的计划经济逐步转为市场经济体制，产生了多种类型的企业组织形式，使得雇用关系发生了深刻的变化。民营企业

已成为中国经济发展的重要支柱，在解决新增就业等方面作出了巨大贡献；且民营企业产权相对清晰，相对于国有企业或者其他类型企业，受体制等相关情境变量的影响较小，社会责任具有较大的自主性与灵活性。①因此，研究国有企业、民营企业、外资企业在员工社会责任方面的表现有何差异，对此消费者是不是买账，无论对于营销研究还是实践，都具有非常重要的意义。

国有企业指由国家所有的企业，其营运资金来自于中央财政预算，红利上缴国家。关于民营企业的定义，大致有三种理解，本书是指不包括国有企业而且把外资企业排除在外，其中包括集体企业私营企业集体成分为主的股份制企业。

现阶段民营企业的发展业绩已被广为认可，为了生存和发展，选择积极主动承担社会责任。但民营企业由于其资本性质，相较于国有企业，其经营目标是公司经济利益最大化，因此部分民营企业存在推卸员工社会责任甚至侵犯员工权益的现象，如缺乏劳动保护、超时加班、拖欠工资等情况。②张士菊（2013）研究发现，国有企业员工心理契约显著高于民营企业员工，这也从一定程度证明了国有企业对员工的各方面责任绩效更好。

然而从本次研究的访谈中发现，有的消费者认为国有企业系全民所有，对员工社会责任的投入是国家行为，并非企业的自愿行为，因此消费者并不会因为国有企业而更愿意积极消费。民营企业、外资企业是企业所有者真正拿出本属于自己的利润，对员工进行责任投资，在企业-员工之间产生心理契约，从而服务好顾客，得到良好的消费者响应。因此，本书将

---

① 陈爽英、井润田、刘德山：《G 企业战略性社会责任过程机制的案例研究——以四川宏达集团为例》，《管理案例研究与评论》2012 年第 5 期。

② 陆玉梅、陆海曙、刘素霞：《民营企业承担员工社会责任的内生机制博弈分析》，《软科学》2014 年第 10 期。

根据访谈内容,提出以下假设:

H10:在不同的企业所有制类型中,企业对员工责任与消费者响应之间的关系存在差异,民营企业强于外资企业、国有企业。

第四章
量表编制及预调研

第一章通过对现有社会现象的观察、第二章对已有文献回顾,以及第三章基于主要理论构建研究模型的过程,已经将本书的主要概念模型及相关假设提出,按照科学研究的步骤,随后便是对概念模型中的相关概念进行操作,形成相应的测量量表,然后展开调查、回收数据,通过数据分析及层级回归进行假设检验。因而本章主要是按照量表编制的方法和程序,形成本书的初始量表,然后进行小样本调研并进行数据分析,根据结果修正、补充初始量表,最终形成本书的正式测量表。

一、量表编制的方法及程序

作为反映所测量概念或态度具有不同程度的调查工具,量表在社会学研究中得到了广泛应用,是研究者获取相关数据的主要方法之一。在市场营销研究领域,Churchill(1979)为回应 Jacoby(1978)对营销文献中测量营销者评价其利润变量的质量较差的批评,提出了市场营销研究中开发高质量营销构念量表的范式,根据该范式首先需要做的是将构念具体化,其次是创建相关构念测量的原始陈述或测量指标，然后收集数据通过分析纯化量表，接着再收集数据评估量表的信度和效度，最后是将量表进行总结和应用。

因此，开发量表的第一个关键步骤是得到用来测量构念的测量指标（Hinkin，1998），具体测量指标的生成主要有三种来源：第一，使用以往研究者使用过的测量指标，以往学者开发的量表经过反复使用并得到检验，在信度和效度上比较高，因而可以根据研究的具体情况直接借用或进行一定程度的修改；第二，研究者根据相关构念和文献自行开发，进行探索性研究；第三，可以从与消费者或专家深度访谈中收集资料，从访谈资料中归纳出来（Churchill，1979；风笑天，2009）。

作为一份高质量的量表，量表内测项应符合研究假设或研究设想的要求，同时，各问项的内容不能超出被访问者的知识背景或者认知范围，在陈述方式上应符合我国的社会特点和生活习惯，并且避免一些诱导性问题的存在。而遵循上述程序和测项生成方法，可以避免在量表中出现含糊的问题，也可避免不符合客观实际的测项被纳入量表，从而提高整个量表的质量。

收集测量指标成功的关键在于有一个清晰的理论基础来表达待测构念所涵盖的内容，因而基于本书提出的研究架构和理论基础，我们收集企业对员工社会责任、员工的组织公民行为、消费者的行为意愿以及消费者、员工的道德身份认同等概念的测量指标。

第一，按照 Churchill（1979）的建议，本书尽量通过阅读相关文献来收集可借鉴的测量指标，并对相应的英文测量指标采用严格的双向翻译（back-transltion）（Brislin，1980）程序以求准确把握其含义，在翻译时本研究请 2 位中国人民大学（以下简称本校）营销学博士（其中 1 名有海外留学经历）和本校 1 名组织系博士生（3 年级）进行双向翻译，并最后由 2 名营销学和 1 名管理学研究的教授进行审核，确保测量量表中相应测量指标语义对等，保证量表的内容效度。

第二,由于目前企业对员工社会责任各维度的测量量表学术界还没有达成共识,只能在借鉴企业社会责任以及消费者视角下的企业社会责任等测量指标中的员工社会责任部分的基础上,通过深入访谈、文献研读和问卷调查方法,了解营销学视角下的企业对员工社会责任信息的认知范围和知识背景,以避免消费者在回答测量问项时因信息不对称而对测量指标无法填写,致使残卷过多现象的出现。

第三,通过焦点小组访谈,将通过步骤 1 和步骤 2 获得的测量指标进行相应的取舍、删减与合并,焦点小组的成员主要来自本校营销专业博士 2 年级学生,以及中央企业社会责任专家,每 5 人分为一组。然后请研究企业社会责任和营销学专家、组织行为学专家、企业高管对剩余的测量指标的适当性、准确性提建设性意见,修改甚至删除不准确、不贴切的内容,最终形成初始测量表。

第四,对初始测量表进行小样本调研,收集数据进行探索性分析,根据分析结果对测量量表进行纯化,纯化后的量表最后作为正式量表进行大样本调研。

二、量表来源与编制

1. 企业对员工社会责任量表

Greenwood 和 Simmons(2004)以利益相关方重要程度、道德意识强弱两个维度,将企业承担员工社会责任分为硬责任、软责任、道德责任。Mason 和 Simmons(2011)在企业中观层面的社会责任领域研究方面,深入探讨了硬责任、软责任、道德责任的具体含义、维度及测量标准。硬责任,指企业更关注短期利益与绩效,将员工(Labor)视为生产要素,而非人力资本,只提供最低的工资、有限的发展机会、繁重的劳动及较差的工作环境。

这是企业承担员工责任的底线。软责任,指企业更关注长期利益,将员工视为驱动企业发展的因素,是重要的利益相关者(Employee Stakeholder),企业开始重视员工能力的培养,为员工提供更好的工作环境及福利补贴,将员工的发展目标作为组织目标的重要组成部分。道德责任,指企业具有高度的社会责任行为,认为企业的绩效和回报不仅是对企业的利润,而是更有利于整个社会的发展,企业将员工视为所有利益相关者中最独特的成员(Unique Position),会赋予员工更多的参与权力,此时员工心理契约的强度会高于物质交换(O'Donohue and Nelson,2007),企业将员工视为可持续发展的目标,是企业的竞争优势。

本书主要根据 Mason 和 Simmons(2011)开发的三维度员工社会责任量表为主,同时参考了国内相关研究(周燕等,2004;张萍等,2012;肖红军等,2010;何显富等,2011;晁罡等,2012)的量表。何显富等[①]开发了中国情境下的企业承担员工社会责任的量表,该量表与 Mason 和 Simmons(2011)三维度的划分具有良好的匹配度;同时,何显富等在 2011 年用该量表实证检验了企业对员工社会责任与员工组织公民之间存在显著正相关,与本书的观点更为贴切。因此,本书将结合两者的研究成果提出中国情境下员工社会责任量表,包含 6 个题项,如表 4-1 所示。

表 4-1　企业承担员工社会责任测量量表及来源

构成维度	测量指标	指标来源
硬责任	企业提供最低的工资标准	Mason 和 Simmons (2011)
	企业提供最基本的职业安全健康保障	
	企业内部员工基本没有发展机会	
软责任	企业除了基本工资外还有较好的福利补贴	
	企业重视员工的培训和发展	
	企业把员工视为重要利益相关方,珍视员工资源	

---

① 何显富、蒲云、朱玉霞、唐春勇:《中国情境下企业社会责任量表的修正与信效度检验》,《软科学》2010 年第 12 期。

构成维度	测量指标	指标来源
道德责任	企业把员工的发展作为企业可持续发展的目标之一	何显富等
	企业支持员工参与慈善公益活动	（2010、2011）。

（二）组织公民行为量表

Organ（1990）首先提出了组织公民行为的五维结构：利他行为、文明礼貌、运动员精神、责任意识以及公民美德，并开发了相应量表。Podsakoff（2000）对已有理论进行归纳总结，提出七维度模型并以实证的方法完善了七维度量表：助人行为、运动员精神、公民道德、组织忠诚、组织遵从、个人主动性以及自主进取。

国内研究组织公民行为起步较晚，被引用较多的实证研究是樊景立等（Farh，1997，2004）提出的中国组织公民行为的五维度模型：公司认同、利他行为、责任意识、人际和谐、保护组织资源。前三个维度与西方文化背景下的研究基本吻合，具有外向性的特点，适用于组织内部与外部之间的沟通连接；而后两个维度则是中国特色的组织公民行为的测量维度，主要偏重于组织内部建设。

考虑到本书研究的是组织公民行为与消费者之间的关系，主要从消费者的角度来考察员工的组织公民行为。因此，选取的樊景立在中国文化情境下编制的组织公民行为的测量量表进行适当调整。本书主要选择公司认同、利他行为、责任意识三个维度进行测量，如表 4-2 所示：

表 4-2　员工组织公民行为测量量表及来源

构成维度	测量指标	指标来源
公司认同	愿意维护公司名誉	Organ 等（1990）；Podsakoff 等（2000）；樊景立等（1997，2004）等。
	喜欢与顾客分享公司的好消息或澄清别人对公司的误会	
	愿意提出改善公司运作情况的积极建议	
	积极参与公司会议	

构成维度	测量指标	指标来源
利他行为	愿意帮助顾客解决相关问题	Organ 等（1990）；Podsakoff 等（2000）；樊景立等（1997,2004）等。
	愿意帮助新顾客熟悉企业相关环境	
	愿意在需要的时候分担同事的工作任务	
	愿意协调和同事、顾客的关系并与之交流	
责任意识	即使在无人监督的情况下依然会遵守公司的制度和程序	
	认真对待自己的工作,尽可能少犯错误	
	不介意接受新的或富于挑战性的任务	
	努力自学,希望工作的质量得到提高	
	经常早到,并能尽快投入工作	
	利用公司资源做自己的事情（如使用公司电话、复印机等）	
	经常找借口请病假	

（三）消费者行为意愿测量量表

消费者对自己的行为意愿的判断主要分两个维度：一是自己购买目标企业或品牌的产品可能性,二是对目标企业或品牌的产品推荐（或者叫正面口碑传播）的可能性。因而在消费者行为意愿的测量指标的来源上,本书主要选取购买意愿和推荐意愿两个方面,详情见表 4-3 所示。

表 4-3　消费者行为意愿测量指标及指标来源

构念维度	测量指标	指标来源
购买意愿	需要时,我会购买该品牌的产品	Baker 和 Churchill Jr. （1977）；Dodds 等（1991）；Coyle 和 Thorson（2001）；Bigne-Alcaniz 和 Currás-Pérez（2008）；Vlachos 等（2009）；刘凤军和李敬强（2010）
	未来我非常有可能购买该品牌的产品	
	更换产品时,我会毫不犹豫地购买该品牌的产品	
	更换产品时,我会购买其他品牌的产品(r)*	

构念维度	测量指标	指标来源
推荐意愿	当别人购买该类产品询问我的意见时，我会推荐该品牌的产品	Price 和 Arnould(1999)；Vlachos 等(2009)
	我会将该品牌的积极正面信息说给周围的朋友听	
	我会向周围的朋友积极推荐该品牌的产品	

* 注:r 表示该项为反向问题。

(四)道德身份认同测量量表

Karl Aquino 和 Americus Reed II(2002)提出了道德身份认同的具体涵义,道德身份认同是由一系列具体的道德品质组成的,而且会根植于个人意识当中,具有相当的稳定性,这些品质决定了人们会怎么想、如何感受、怎么做。通过实验,他们提出了九个道德身份认同的具体品质:爱心、同情心、公平选择、友好、慷慨大方、乐于助人、努力、诚实、善良。在此基础上,他们通过实验验证了道德身份认同、道德意识、道德行为之间存在显著的正相关。同时,该研究最大的贡献是提供了道德身份认同的测量表,为后续研究奠定了很好的基础。

Americus Reed II、Karl Aquino 和 Eric Levy(2007)以道德身份认同作为调节变量,用实验的方法研究了消费者的慈善行为(付出时间、付出金钱)与决策偏好之间的关系。同时,进一步将道德认同分为内化的道德认同(internalization)和外显的道德认同(symbolization)。该量表被广泛应用,具有良好的信度、效度。因此,本书采用该量表对员工、消费者分别进行道德身份认同的测量,详见表4-4。

表 4-4　道德身份认同测量指标及指标来源

如果某人或者是您自己具有关爱、有同情心、公平、友好、慷慨助人、勤奋、诚实、和蔼的特征,请根据自己的感受在对应的选项上打"√"

构念维度	测量指标	指标来源
内化 道德 认同	具有这些特征的人会让我感觉良好	Karl Aquino, Americus Reed II (2002); Americus Reed II, Karl Aquino & Eric Levy (2007)
	我也一直在追求这些特征	
	如果成为具有这样特征的人,我会觉得不自在(r)*	
	具有这些特征对我来说真的不重要(r)*	
	我非常想具备上述特征	
外显 道德 认同	我业余时间做的事情就能够体现上述特征	
	我读的书或杂志可以看出我具有上述特征	
	我的言谈举止能让别人认为我具有这些特征	
	我愿意加入具有上述特征的组织(包括公司)	
	我愿意积极参与具有上述特征的活动	

* 注:r 表示该项为反向问题。

在上述工作的基础上,结合本书的目的,形成两份(针对员工和消费者)初始测量问卷。员工问卷分五部分,分别是:①填写说明,向被调查者说明本次调查的目的以及相关概念解释;②企业、员工基本信息,尤其是企业性质将作为本书重要的调节变量;③员工感受到的企业对员工的社会责任表现;④是调节变量员工的道德身份认同;⑤员工组织公民行为相关问项(详见附录1)。

消费者问卷分三部分,分别是:①填写说明,向被调查者说明本次调查的目的以及相关概念解释;②企业、消费者基本信息,其中企业信息将作为跨层配对的重要信息;③消费者行为意愿的相关问项(详见附录2)。

三、预调研及探索性因子分析

预调研选择便利抽样的方式进行,通过国资委系统于 2013 年 10 月初开始在全国范围 80 家企业进行调查,向每家企业发放 5 份员工问卷、8

份消费者问卷,总共发放了 1040 份问卷。其中员工部分回收问卷 288 份,问卷回收率 72%。在回收的问卷中剔除回答不认真,问卷选项呈明显规律的问卷,如只选一个级别的 14 份,明显"之"字排列的以及反向问题回答前后矛盾等(18 份),缺少数据较为严重的(10 份),最后剩余有效问卷 246 份,有效回收率 61.5%。同时每个员工配对 8 份消费者数据,共发放 640 份,回收问卷 542 份,回收率 84.7%,问卷按上述标准删除后,共有 416 份问卷有效,有效回收率为 65%。随后分析就是基于上述数据上的分析。

为分析方便,对相关测量指标进行了相应的编码,其中 CSR1~CSR8 表示企业社会责任,EMI1~EMI10 表示员工道德认同的测量指标,OCB1~OCB14 表示员工的组织公民行为,CMI1~CM10 表示消费者道德认同的测量指标,PI1~PI4 表示消费者购买意愿,RE1~RE3 表示消费者的推荐意愿。

(一)测量指标评价得分描述性统计

有效样本中,涉及企业共 72 家,其中样本数最多的是中国石化集团公司,最少的一个企业仅有 1 位被调查者。被调查企业中成立年限在 1 年以内的有 3 家,16 家企业成立年限在 5 年以内,其余成立年限均在 5 年以上。从企业性质上看,有 40 家国有企业,15 家民营企业,14 家外资企业,3 家合资企业。其中被调查员工的性别比例是 58.1:41.9(男性为 143 人,女性为 103 人),员工中 24 岁以下的为 30 人(占比 12.2%),25~34 岁的为 139 人(占比 56.5%),35~45 岁的为 60 人(占比 24.4%),45~54 岁的为 17 人(占比 6.9%);其中大学本科(149 人)及硕士以上(60 人)占比 85%;普通职员(121 人)及基层管理者(61 人)占比 74%,基本符合我们调查之初的样本设计。

另外,被调查消费者中男女性别占比是 54.8%、45.2%;年龄在 24 岁及以下的有 40 人,占 9.6%,25~34 岁为 219 人,占比为 52.6%,35~44 岁的被调查为 116 人,占总样本的 27.9%,45~54 岁的为 41 人,占比 9.9%;在受教育程度上方面,高中、中专及以下的为 3 人,大专学历的为 59 人,占比 14.9%,大学本科学历的为 245 人,占比 58.9%,硕士及以上者为 109 人,占比 26.2%;被调查者在企业职位分布是,普通职员为 191 人,占比 45.9%,基层管理者为 119 人,占比 28.6%,中层管理者为 86 人,占比 20.7%,高层管理者仅为 15 人,占比 3.6%,其他 5 人,占比 1.2%。从被调查者的性别、年龄、受教育程度及在企业的职位分布来看,基本符合我国人口的自然分布特征,说明本次调查虽然采取的是便利抽样,但仍在合理范围内,符合抽样的要求。

有效样本中测量指标的得分均值、标准差及偏度和峰度见表 4-5 和表 4-6。黄芳铭(2005)认为,偏态绝对值小于 3,峰度绝对值小于 10,则表明样本数据基本服从正态分布。从表 4-9 和表 4-10 可以看出,各测量指标的得分符合上述要求,说明所收数据符合正态分布,通过本问卷可以获得分析要求的数据。

表 4-5 员工样本测量指标描述统计

指标编码	均值	标准差	偏度		峰度	
			统计量	标准误	统计量	标准误
CSR1	5.4512	1.72013	-1.018	0.155	0.175	0.309
CSR2	5.1504	1.79277	-0.811	0.155	-0.238	0.309
CSR3	5.2236	1.60446	-0.650	0.155	-0.497	0.309
CSR4	4.43	1.857	-0.298	0.155	-1.040	0.309
CSR5	4.72	1.775	-0.571	0.155	-0.680	0.309
CSR6	4.46	1.804	-0.258	0.155	-1.031	0.309
CSR7	4.54	1.767	-0.282	0.155	-1.017	0.309
CSR8	4.80	1.692	-0.474	0.155	-0.689	0.309
MI1	6.33	1.031	-1.957	0.155	4.553	0.309
MI2	6.22	0.962	-1.349	0.155	1.884	0.309
MI3	5.60	1.086	-0.648	0.155	0.364	0.309
MI4	5.9959	1.46105	-1.719	0.155	2.402	0.309
MI5	5.14	1.379	-0.588	0.155	-0.161	0.309
MI6	4.93	1.379	-0.393	0.155	-0.190	0.309
MI7	5.9959	1.42427	-1.557	0.155	2.000	0.309
MI8	6.01	1.258	-1.403	0.155	1.570	0.309

指标编码	均值	标准差	偏度		峰度	
			统计量	标准误	统计量	标准误
MI9	6.01	1.239	-1.431	0.155	1.782	0.309
MI10	6.00	1.217	-1.213	0.155	0.964	0.309
OCB1	6.11	1.177	-1.570	0.155	2.683	0.309
OCB2	5.90	1.315	-1.241	0.155	1.162	0.309
OCB3	5.71	1.386	-1.243	0.155	1.357	0.309
OCB4	5.58	1.394	-1.045	0.155	0.795	0.309
OCB5	5.94	1.238	-1.246	0.155	1.197	0.309
OCB6	5.97	1.186	-1.128	0.155	0.670	0.309
OCB7	5.69	1.308	-0.895	0.155	0.165	0.309
OCB8	5.73	1.249	-0.911	0.155	0.176	0.309
OCB9	6.13	1.135	-1.355	0.155	1.248	0.309
OCB10	5.63	1.570	-1.196	0.155	0.597	0.309
OCB11	6.04	1.146	-1.279	0.155	1.155	0.309
OCB12	5.38	1.408	-0.756	0.155	0.179	0.309
OCB13	5.2358	1.73126	-0.749	0.155	-0.455	0.309
OCB14	6.0447	1.38874	-1.657	0.155	2.280	0.309

* 注：样本=246。

表 4-6　消费者样本测量指标描述统计

指标编码	均值	标准差	偏度		峰度		指标编码	均值	标准差	偏度		峰度	
			统计量	标准误	统计量	标准误				统计量	标准误	统计量	标准误
MI1	6.36	1.090	-2.188	0.120	5.440	0.239	MI9	6.11	1.206	-1.621	0.120	2.748	0.239
MI2	6.30	1.013	-1.935	0.120	4.883	0.239	MI10	6.13	1.163	-1.473	0.120	2.039	0.239
MI3	5.57	1.122	-0.735	0.120	0.724	0.239	PI1	5.63	1.509	-0.962	0.120	0.147	0.239
MI4	2.09	1.576	1.556	0.120	1.571	0.239	PI2	5.50	1.575	-0.856	0.120	-0.150	0.239
MI5	5.21	1.352	-0.626	0.120	0.099	0.239	PI3	5.18	1.590	-0.623	0.120	-0.353	0.239
MI6	5.07	1.389	-0.461	0.120	-0.164	0.239	PI4	3.75	1.735	0.146	0.120	-0.779	0.239
MI7	1.92	1.409	1.660	0.120	2.122	0.239	RE1	5.58	1.434	-0.855	0.120	0.026	0.239
MI8	6.11	1.231	-1.637	0.120	2.579	0.239	RE2	5.77	1.406	-1.149	0.120	0.706	0.239
							RE3	5.70	1.413	-0.928	0.120	0.017	0.239

* 注：样本 =416。

(二)信度分析

信度分析可以有多种方式,最常用的用于评价内在一致性的信度指标是 Cronbach's α。Cronbach's α 的值越大,说明测量指标之间的相关度越强,也说明这些测量指标确实反映了所要测量的内容。对于 Cronbach's α 值的指标,不同学者有不同的标准,一般认为 Cronbach's α 值应该大于 0.7 (Nunnally and Bernstein,1994;Flynn et al.,1995;刘军,2008),介于 0.7 至 0.98 之间可以算高信度值,而低于 0.35 则予以拒绝(林震岩,2007)。如果测量指标较多,则可以删掉那些使量表信度增加或不使信度下降的测量指标(刘军,2008)。

另外一种检验测量指标是否真实反映构念的方法,就是对小样本调查数据进行 CICT 分析,即修正条款的总相关系数(corrected-item total correlation)分析,以纯化量表,删除垃圾指标。对于删除指标的标准,有学者认为,除非有特殊理由,否则 CICT 低于 0.4 的条款都应予以删除(Churchill,1979);但也有学者认为,低于 0.3 就应该删除(郭志刚,1999;卢纹岱,2002);另有学者取两者的中间值 0.35 作为临界值(Lederer and Sethi,1996)。本书选择 0.4 为临界值。各测量维度的 Cronbach's α 值,CICT 及删除后 Cronbach's α 值,见表 4-7 和表 4-8。

表 4-7　各构念维度 Cronbach's α 值和 CICT（员工）

构念名称 （α）	指标	CICT	项删除后 Cronbach's α	构念名称 （α）	指标	CICT	项删除后 Cronbach's α
企业 社会 责任 （0.899）	CSR1*	0.563	0.901	组织 公民 行为 （0.936）	OCB1	0.779	0.929
	CSR2*	0.627	0.894		OCB2	0.786	0.929
	CSR3*	0.474	0.893		OCB3	0.760	0.929
	CSR4	0.569	0.885		OCB4	0.625	0.932
	CSR5	0.726	0.875		OCB5	0.885	0.927
	CSR6	0.858	0.872		OCB6	0.895	0.927
	CSR7	0.872	0.872		OCB7	0.675	0.929
	CSR8	0.472	0.893		OCB8	0.700	0.928
员工 道德 认同 （0.903）	EMI1	0.622	0.893		OCB9	0.730	0.929
	EMI2	0.694	0.891		OCB10	0.470	0.935
	EMI3	0.510	0.895		OCB11	0.731	0.929
	EMI4	0.391	0.910		OCB12	0.473	0.933
	EMI5	0.627	0.894		OCB13	0.392	0.947
	EMI6	0.579	0.898		OCB14*	0.461	0.939
	EMI7	0.497	0.898				
	EMI8	0.817	0.884				
	EMI9	0.827	0.883				
	EMI10	0.700	0.885				

注：样本=246，* 表示该测量指标为反向问题，在信度分析时已做相关处理。

表 4-8　各构念维度 Cronbach's α 值和 CICT（消费者）

构念名称 （α）	指标	CICT	项删除后 Cronbach's α	构念名称 （α）	指标	CICT	项删除后 Cronbach's α
道德认同 （0.903）	CMI1	0.672	0.871	重购意愿 （0.750）	PI1	0.690	0.614
	CMI2	0.719	0.869		PI2	0.772	0.559
	CMI3	0.616	0.875		PI3	0.707	0.598
	CMI4	0.376	0.897		PI4	0.143	0.906
	CMI5	0.616	0.875	推荐意愿 （0.923）	RE1	0.811	0.914
	CMI6	0.581	0.877		RE2	0.822	0.904
	CMI7*	0.532	0.881		RE3	0.896	0.844
	CMI8	0.737	0.866				
	CMI9	0.766	0.864				
	CMI10	0.740	0.866				

注：样本=416，* 表示该测量指标为反向问题，在信度分析时已做相关处理。

根据上述标准与方法可知,各测量维度的 Cronbach's α 值在 0.750 至 0.945 之间,均超过了 0.7,说明各测量维度的测量指标具有较高的信度。但有 2 项测量指标删除后能显著地增加量表的信度,且 CICT 值均低于 0.4 的标准,可以删除,分别是 EMI4 和 CMI4"如果成为具有这样特征的人,我会觉得不自在",OCB13"有时候会违反制度以追求个人的影响力或目的",PI4"更换产品或服务时,我会购买其他企业的产品或服务",通过本次量表纯化后,共删除 3 项指标。从这 3 个测量指标来看,均为反向问题,说明在我国文化背景下,某些反向问题在调查时并不适合。

(三)效度分析

1. 内容效度

内容效度,指量表是否包括足够有代表性的指标来度量要测量的内容,同时排除不必要的测量指标,反映量表的合适性。为保证量表的内容效度,本书严格遵循了量表开发的程序并采用科学的方法,从而保证了本量表具有良好的内容效度。

2. 建构效度

建构效度(construct validity)表示量表能在多大程度上测量理论的概念或特质。为检验建构效度,一般需要进行探索性因子分析(exploratory factor analysis,EFA),找到量表的潜在结构,使每组测量指标较少在同时同一构念之下的指标相关性较大,本书使用 SPSS20.0 对量表进行分析。

在进行 EFA 之前,首先要判断数据是否适合做 EFA,判断的标准有两个,一是 KMO(Kaiser-Meyer-Olkin Measure of Sampling Adequacy)值,检验时用于比较观测相关系数值与偏相关系数值的指标,在 0~1 之间,越接近 1 表明测量指标进行 EFA 的效果越好,有学者认为如果 KMO 值小于 0.5,则不适合进行 EFA,0.5~0.6 之间为勉强适合,0.6~0.7 之间为一般适合,0.7~0.8 为比较适合,0.8~0.9 为很适合,当在 0.9 以上时,则表示量表非常适合进行 EFA(Kaiser,1974;马庆国,2002)。也有学者认为,高于 0.6 才可以进行 EFA(余建英和何旭宏,2003)。为提高有效性,本书选 0.6 作为标准。另外一个标准是 Bartlett's 球体检验,主要为了检验变量之间彼此独立假设的统计量,其值大时拒绝原假设,说明量表适合做 EFA。

在进行 EFA 中,本书选用主成分分析方法,按照特征根大于 1,使用方差正交化旋转方法进行探索分析。对于测量指标的归属,没有硬性指标可供使用,一般认为,测量指标在因子上的载荷绝对值应最少达到 0.4(Ford et al.,1986)。判断一个测量指标是否属于某个因子的原则是其在因子上的载荷绝对值要在 0.4 以上,或者测量指标在某个因子上的载荷是其他因子上载荷的 2 倍以上。另外,总的测量指标方差被公因子解释的比例也很重要,这个比例越高越好,一般认为 60% 是可以接受的最低比例(Ford et al.,1986)。

适性检验,结果如表 4-9 和表 4-10 所示,员工量表和消费者量表的 KMO 为分别为 0.927 和 0.903,且 Bartlett's 球形检验结果显著,所以结果显示适合做 EFA,其分析结果如表 4-11 和表 4-12 所示。

表 4-9　员工量表因子分析适切性检验结果

KMO		0.927
Bartlett's 球形检验	近似卡方	6607.545
	df	435
	Sig.	0.000

表 4-10　消费者量表因子分析适切性检验结果

KMO		0.903
Bartlett's 球形检验	近似卡方	4881.390
	df	105
	Sig.	0.000

由表 4-11 可以看出,通过主成分分析,按照特征根为 1 的方法进行 EFA,员工测量表的 30 项测量指标有 7 个共同因子,累计解释指标方差的 74.327%,大于 60%,符合要求。从每个因子聚合的指标来看,因子 1 共有 13 项测量指标,其旋转后的载荷在 0.587 以上,表示的是企业内部员工组织公民行为的内容。从各个测量指标表达的意思所反映的内容来看,主要反映了员工对顾客的帮助、顾客导向意识等,因此可以将因子 1 命名为"利他主义";因子 5 是对企业有利信息的传播以及企业声誉的维护,可以将本因子命名为"企业美德";因子 7 主要是在无他人监督下的主动责任行为,因此可以将该因子命名为"责任意识"。

因子 2 主要反映员工对企业法规之外责任行为的感知,而且不是对公司的硬性规定,属于自由裁量的行为,因此可以按照之前责任行为的划分,命名为企业社会责任中对员工的"软责任"。因子 6 则与之相反,是企业对员工最低标准的责任履行,因此可以命名为"硬责任"。由 EFA 结果可以看出,对于企业的员工社会责任,被调研企业员工并不像之前研究的那样能将企业履行的软责任与企业履行的道德责任明显分开,而是将其统一认知为"软责任",是超出企业履行基本责任之外的其余责任行为,并没有将对员工的福利补贴、职业发展机会等与对员工从事慈善活动等区分开。

因子 3 和因子 4 反映的都是员工的道德认同概念,因子 3 反映的内涵主要是员工自身对该品德的自我追求,尽管 EMI8 和 EMI9 的测量分别是"我愿意加入具有上述特征的组织(包括公司)"和"我愿意积极参与具有上述特征的活动"。在最初的问卷设计中属于外显的道德认同,在通过回收的数据中发现,在中国这样一个"物以类聚,人以群分"的传统文化影响下,这 2 个测量指标在被测的认知中应该认为自己本身也具有类似的特征,在本质上属于同类人,因而最后这 2 项测量指标与其他 3 项测量指标都反映了员工认为自己本身具有该方面的特征,其内容属于"内化的道德认同"(internalization)。因子 4 则是员工认为,"我的言谈举止能让别人认为我具有这些特征""我业余时间做的事情就能够体现上述特征"和"我读的书或杂志可以看出我具有上述特征",这 3 项测量指标都显示出被试员工是想利用行为或外在附属物等来彰显自己具备该特征,属于"外显的道德认同"(symbolization)。另外 EMI7 存在跨因子现象,因此予以删除。这样员工测量量表的最终问卷由企业对员工的 8 个测量指标,员工道德认同的 8 项测量指标以及员工组织公民行为的 13 项测量指标构成,整个量表共 29 项指标。

表 4-11　员工测量量表 EFA 旋转后因子载荷

指标	因子 1	因子 2	因子 3	因子 4	因子 5	因子 6	因子 7
CSR1	0.062	0.192	0.100	−0.078	0.140	0.859	0.074
CSR2	0.093	0.272	0.063	0.160	0.005	0.863	0.079
CSR3	0.168	0.442	0.078	0.005	−0.009	0.562	0.234
CSR4	0.139	0.730	0.116	0.125	0.100	0.238	−0.113
CSR5	0.248	0.854	0.112	0.097	−0.017	0.156	0.075
CSR6	0.185	0.881	0.044	0.090	0.123	0.201	−0.015
CSR7	0.174	0.893	0.090	0.081	0.101	0.184	−0.015
CSR8	0.189	0.718	0.138	0.176	0.170	−0.005	0.072
EMI1	0.315	0.144	0.800	0.035	−0.029	0.060	0.124
EMI2	0.391	0.116	0.776	0.088	0.040	0.115	0.092
EMI3	0.387	0.112	0.419	0.477	0.101	0.159	−0.098
EMI5	0.201	0.223	0.270	0.773	0.191	0.004	0.176
EMI6	0.227	0.214	0.219	0.816	0.023	0.012	0.108
EMI7	0.014	0.035	0.432	0.259	0.219	0.253	0.597
EMI8	0.239	0.106	0.752	0.272	0.307	0.037	0.086
EMI9	0.327	0.113	0.731	0.288	0.269	0.033	0.048
EMI10	0.295	0.110	0.660	0.358	0.273	0.073	0.114
OCB1	0.228	0.174	0.391	0.071	0.716	0.125	0.198
OCB2	0.223	0.225	0.317	0.011	0.733	0.129	0.167
OCB3	0.258	0.166	0.225	0.179	0.800	0.129	−0.002

指 标	因子 1	因子 2	因子 3	因子 4	因子 5	因子 6	因子 7
OCB4	0.243	0.254	0.220	0.279	0.790	0.049	−0.102
OCB5	0.723	0.206	0.275	0.040	0.330	0.016	0.221
OCB6	0.739	0.168	0.283	0.032	0.292	0.055	0.198
OCB7	0.821	0.271	0.254	0.096	0.355	−0.016	0.276
OCB8	0.846	0.267	0.147	0.163	0.211	0.031	0.125
OCB9	0.413	0.136	0.300	0.089	0.134	0.138	0.620
OCB10	0.393	0.176	0.165	0.266	−0.085	0.083	0.592
OCB11	0.343	0.196	0.330	0.132	0.107	0.076	0.777
OCB12	0.190	0.142	0.179	0.232	0.102	0.098	0.622
OCB13	0.328	−0.052	0.092	0.079	−0.023	0.150	0.747
特征根	10.724	3.857	2.280	2.011	1.267	1.112	1.047
解释方差（%）	35.747	12.857	7.600	6.703	4.223	3.707	3.490
累计解释方差（%）	35.747	48.604	56.204	62.907	67.130	70.837	74.327

注：反向测量指标已做相应处理。

表 4-12　消费者测量量表 EFA 旋转后因子载荷

指　标	因子 1	因子 2	因子 3
CMI1	0.151	0.831	0.094
CMI2	0.253	0.818	0.149
CMI3	0.239	0.413	0.602
CMI5	0.161	0.278	0.842
CMI6	0.225	0.222	0.841
CMI7	0.058	0.589	0.119
CMI8	0.263	0.741	0.297
CMI9	0.259	0.739	0.351
CMI10	0.250	0.716	0.354
PI1	0.796	0.258	0.172
PI2	0.864	0.181	0.163
PI3	0.833	0.098	0.221
RE1	0.882	0.159	0.096
RE2	0.805	0.270	0.158

指　标	因子 1	因子 2	因子 3
RE3	0.862	0.214	0.137
特征根	7.527	2.253	1.070
解释方差(%)	50.183	15.021	7.133
累计解释方差(%)	50.183	65.204	72.337

注:反向测量指标已做相应处理。

　　从因子 1 所涵盖的内容看，主要是消费者在接触企业员工及了解到企业的相关信息后,所产生的购买意愿及推荐意愿,从本质上来看反映的都是消费者的内在心理反应,因而可以将因子 1 命名为"消费者响应"。

　　因子 2 和因子 3 反映的都是消费者自身的道德认同，其中因子 2 主要反映的是内化的道德认同,因子 3 反映的是外显的道德认同,因此可以分别命名为"消费者内化道德认同"和"外显的道德认同"。

四、小结

　　本章定义了测量变量、根据相关文献和访谈详细设计了测量指标,形成最初的量表,并进行了预测和预调研。根据预调研数据的分析结果,对量表中相关度较低的测量指标进行删除以纯化量表。根据相关标准最终形成了正式调查的量表,正式施测的量表见附录3。

第五章
数据分析及模型检验

在预调查和数据分析之后,使用纯化后的调查问卷实施正式调研,并对论文提出的理论模型进行检验。本章内容主要目的有两个:一是验证大数据调研获得样本数据的有效性;第二是在正式调研数据通过验证后,分析各变量实际关系,检验各作用路径,验证本文的假设。因此在内容结构上,本章可分为三大部分:第一部分介绍数据的获取过程,包括行业的选择、样本的获取、调研概况以及问卷的发放情况;第二部分是正式调研数据的有效性分析与检验过程,主要有所获数据的描述性统计,通过验证性因子分析对量表的信度和效度检验;第三部分是通过 HLM 软件进行回归分析,检验相关假设。

一、数据收集与样本描述

(一)数据收集

在研究中采用概率抽样方法尤其是随机抽样是最理想的,但受到精力和时间的限制,同时为了增加回收样本的数量,本书使用可行抽样方法(availability sampling method)(Keppel et al.,1992),主要通过作者的个人社会关系网络发放。因为有研究者指出,在中国,个人的社会关系对于进行问卷调查并取得被访者的合作至关重要,通过个人社会关系发放问卷,可以保证问卷的顺利发放,提高问卷的回收率(Hitt et al.,2004)。笔者通过个人在国务院国资委系统的同事、朋友或其他同学、亲戚关系,联系各种性质企业的管理者,再通过滚雪球的方式进行收集。收集时,问卷以套为单位,一套问卷包括 10 份"企业社会责任及员工组织公民行为调查问卷"和 15 份"消费者响应调查问卷"(最低数量为 5、15,但是出于可能有废卷的考虑,每个企业发放的问卷数量有一部分富余)。其中,"企业社会责任及员工组织公民行为调查问卷"由企业信息(成立年限、企业性质等问题)、企业社会责任(CSR)、员工道德认同(MI)、组织公民行为(OCB)及填表员工的个人信息构成;"消费者响应调查问卷"主要包括消费者响应的两个变量:重购意愿(PI)、推荐意愿(RE),以及消费者个人信息,并分别存放。

　　问卷收集较为耗时,从 2013 年 5 月一直持续到 2015 年 5 月,历时两年(收集小样本数据大概耗时半年多时间),在北京市、上海市、广州市、深圳市、天津市、山东省各地、武汉市等地,通过作者企业现场或委托重要的朋友与该企业的人力资源管理主管沟通调研方式。企业内部 5 份员工调查问卷由人力资源管理部门协助研究人员,从本企业的销售人员中随机抽取,并叮嘱按照员工实际感受填写,填写后不用交回人力资部门而是直接交给调查者本人,以避免人事部门对员工的影响;对消费者的调查则由填写问卷的销售人员随机选取调查对象,由调查人员将问卷发给消费者并回收。也有一些餐饮企业的调查问卷采取了现场调研的方式,直接在餐厅分别发放给服务人员及现场的顾客填写。

通过这一方式共向 133 家企业发放了 2660 份问卷,共回收问卷 2101 份,回收率为 78.98%。然后通过列删法删除缺失值以及无效的样本,最终有效样本为 1937 份,有效回收率是 72.82%,其中员工数据样本为 560 份,消费者层面的数据为 1377 份。

(二)样本描述

本书研究的样本包括企业员工层面及消费者层面,因而分别根据企业层面及消费者进行样本统计变量分析。

本次实证分析大范围调研的企业对象共 133 家,其中 3 家(2.25%)企业的成立年限小于等于 1 年,30 家企业(22.56%)的成立年限在 1 年以上 5 年以内,17 家企业(12.78%)的成立年限在 5 年以上 10 年以内,37 家企业(27.82%)的成立年限在 10 年以上 20 年以内,46 家企业(34.59%)的成立年限在 20 年及以上。这 133 家被调查企业中,国有企业有 41 家,占比为 30.83%,民营企业为 57 家,占比是 42.86%,外资企业为 32 家,占比 24.06%,中外合资企业为 3 家,占比 2.25%。在企业内设置了专门的企业社会责任部门的企业有 69 家,占到 51.88%,超过了半数,这说明我国在 2008 年企业社会责任元年以后,大多数企业都建立了企业社会责任专门机构,但仍要注意的是,这一比例还不是太高。样本企业的三维交互表见表 5-1。

表 5-1 被调查企业统计变量三维交互表

			企业成立年限				
			小于等于 1 年	大于 1 年 小于等于 5 年	大于 5 年 小于等于 10 年	大于 10 年 小于等于 20 年	大于 20 年
企业性质	国有企业	有	0	3	2	5	23
		没有	0	3	1	1	3

续表

			企业成立年限				
			小于等于1年	大于1年小于等于5年	大于5年小于等于10年	大于10年小于等于20年	大于20年
企业性质	民营企业	有	0	5	0	11	1
		没有	2	12	10	12	4
	外资企业	有	1	1	1	1	14
		没有	0	5	3	6	0
	中外合资	有	0	0	0	0	1
		没有	0	1	0	1	0

由表 5-1 可以看出，所调查企业样本并没有完全覆盖三维交互的每一个方格，这说明调查范围没有做到样本的完全覆盖，可能造成数据的无响应偏差。但就企业样本调查数据来看，133 家企业数量已经具有相当大的难度，在后续的研究过程中可以进一步补充企业样本的覆盖面，使样本更加全面、具有代表性。

进一步分析企业样本中被调查员工及消费者的统计量信息，其结果如表 5-2 所示。可以看出，在本次调查样本中，被调查企业内员工男女比例基本符合我国人口性别分布，男女比为 1.04:1。但消费者调查样本中却相反，女性调查样本的比例要高于男性，男女比为 1:1.08，出现这一状况的原因也许在发放问卷时，女性被调查者更容易响应，而男性被调查者更容易拒绝；在年龄分布上，均以 25~34 周岁年龄段的被调查者为主，员工与消费者中该年龄段的占比分别是 60.5% 和 63%，其次是 35~44 岁年龄段的被调查者，占比分别是 23.9% 和 24.9%，基本与我国人口年龄分布一致，以中青年为主。

表 5-2　企业员工及消费者人口统计变量描述性统计

变量及分类		员　工		消费者	
变量	分类	人数	百分比	人数	百分比
性别	男	286	51.1	661	48.0
	女	274	48.9	716	52.0
年龄（岁）	24 及以下	55	9.8	92	6.7
	25~34	339	60.5	868	63.0
	35~44	134	23.9	343	24.9
	45~54	31	5.5	70	5.1
	55 及以上	1	0.2	4	0.3
教育程度	高中、中专及以下	34	6.1	107	7.8
	大专	76	13.6	192	13.9
	大学本科	304	54.3	712	51.7
	硕士及以上	146	26.1	366	26.6
职位层级	普通职员	278	49.7	751	54.5
	基层管理者	134	23.9	335	24.3
	中层管理者	118	21.1	243	17.7
	高层管理者	27	4.8	41	3.0
	其他	3	0.5	7	0.5
平均月收入（元）	3000 元及以下	55	9.8	108	7.8
	3001~6000	153	27.3	374	27.2
	6001~9000	185	33.0	489	35.5
	9001~12000	70	12.5	165	12.0
	12000 元以上	97	17.3	241	17.5
样本量		560		1377	

在受教育程度方面,基本受教育程度为本科教育,这与我国近年来高等教育由精英教育向普通教育转变有关，该层次的被调查者样本比例分别是 54.3% 和 51.7%，硕士及以上的被调查者分别占到 26.1% 和 26.6%。整体上看，员工受教育程度略高于普通消费者，比较符合我国的实际。在单位的职位层级上，普通职员的占比较多，其中员工为 49.6%，接近半数；普通消费者中占 54.5%，超过了半数。其次是基层管理者，占比分别是

23.9%和24.3%,两者合计在48%左右,基本符合最初的问卷设计。在平均月收入上,主要以3001~9000元为主,整体上符合正态分布,也符合我国整体收入水平实际情况。考虑到本研究调查过程中采取的便利抽样方式,被调查者的整个分布基本符合抽样要求。

二、共同方法偏差检验

共同方法偏差(common method variance,CMV)是系统测量误差的主要来源之一(Bagozzi and Yi,1991),是由收集数据时共同的数据来源(共同评定者效应,如一致性倾向、社会赞许动机等)、共同测量背景(如变量同时、同地以及相同方式测量)、测量指标语境(指标的嵌入环境、量表长度等)以及测量指标本身特征(指标的暗示性、模糊性、量表形式等)造成的(Podsakoff et al.,2003)。测量误差一般认为由随机误差和系统误差组成,它们会降低测量关系结论的效度(Spector,1987;Bagozzi and Yi,1991),而共同方法偏差作为系统误差方差能严重影响实证研究结果,可潜在地产生误导性的结论(Campbell and Fiske,1959)。因此,在正式分析各变量之间关系之前需要对数据进行CMV检验。

为减少数据收集过程中CMV的产生,数据收集过程进行了程序控制,如保护被调查者的匿名性、平衡测量指标的顺序效应以及对测量指标进行改进等。除程序控制补救外,还可以通过统计检验进行补救,即对数据进行进一步CMV检验。

对CMV检验的方法有很多种,本书采用潜在误差变量中无可测方法进行因素效应检验,该方法在验证性因子模型中增加一阶共同方法偏差潜在变量,让所有测量指标在其上均有载荷,通过检验模型拟合度,进而检验共同方法偏差效应,该方法也是目前研究者多采用的检验方法。

按照 Widaman(1985)提出的方法步骤,需要检验未添加共同方法偏差的多因子测量模型(EM1)在增加共同方法偏差潜变量后的测量模型(EM2)拟合度是否显著改善(Widaman,1985),检验结果如表 5-3 所示。

表 5-3　样本数据共同方法偏差检验

	模型	x^2	df	RMSEA	NNFI	IFI	CFI
员工样本 N=560	EM$_1$	1760.41	356	0.0858	0.959	0.964	0.964
	EM$_2$	1544.43	327	0.0833	0.965	0.972	0.972
消费者样本 N=1377	CM$_1$	1602.01	84	0.1197	0.932	0.946	0.946
	CM$_2$	1307.47	69	0.1013	0.945	0.957	0.957

从对比员工样本数据的 7 因子(EM1)和 8 因子(EM2),以及消费者样本数据的 4 因子(CM1)和 5 因子(CM2)验证模型的拟合指标可以看出,自由度分别减少 Δdf=29 和 Δdf=15,但 Δχ² 值分别是 215.98 和 294.54,得到了显著改变。但由于卡方值与样本容量 N 有关,Δχ² 同样受到样本容量的影响,并不能据此判定变量之间存在明显的共同方法偏差效应(郑建君等,2009)。因此,还需要从其他拟合指标共同判断,由于 NNFI、IFI 和 CFI 不受样本容量 N 的影响,同时惩罚复杂模型,而 RMSEA 受 N 的影响较小,对参数过少的误设模型还稍微敏感一些(温忠麟等,2004),在此选择这四个作为判断指标,通过对比 RMSEA、NNFI、IFI 以及 CFI 可以发现,指标变化值在 0.0025~0.0184 之间,说明本研究收集的数据不存在显著的共同方法偏差效应。

三、信度与效度检验

(一)常用模型拟合指标

本节将对量表的信度和效度进行检验,对量表信度和效度检验结果部分是通过验证性因子分析(confirmatory factor analysis,CFA)获得的,在进行验证性因子分析及随后的结构方程模型检验时,需要根据一些指标来判断模型是否与数据拟合。在众多拟合指数中,按照其功能分类可以分为绝对拟合指数、相对拟合指数和简约拟合指数(侯杰泰等,2004),在具体指数的判断标准上,不同学者有不一样的标准,本书采用的是拟合指数、判断标准及来源,如表5-4所示。

表 5-4　常用模型拟合指数和标准

指数类型	符号	指数名称	判断标准	标准来源
绝对拟合指数	x^2	卡方值	显著性概率值 P>0.05	吴明隆(2009)
	RMSEA	近似误差均方根	<0.1 好的拟合； <0.05 非常好的拟合； <0.01 非常出色的拟合	Steiger(1990)
	SRMR	标准化残差均方根	<0.08,模型可以接受	Hu 和 Bentler(1998)
	GFI	拟合优度指数	>0.90,越大越好	Hu 和 Bentler(1999)
	AGFI	调整拟合优度指数	>0.80 可以接受,越大越好	刘军(2008)
相对拟合指数	NFI	规范拟合指数	>0.90,越大越好	Bentler 和 Bonett(1980)；侯杰泰等(2004)；吴明隆(2009)
	NNFI	非规范拟合指数		
	IFI	增值拟合指数		
	CFI	比较拟合指数		Bentler(1990)
简约拟合指数	NC	卡方值与自由度比	2<NC<5 可以接受	温忠麟等(2004)
	PGFI	简约拟合指数	>0.50	Mulaik 等(1989)
	PNFI	简约相对拟合数		

资料来源:本文根据相关文献整理

(二)信度分析

对大样本调研数据的信度分析除继续采用 Cronbach's α 的值作为内部一致性以及量表整体一致性的判断标准外,还可以采用组合信度来进行判定构念内各观测指标的内部一致性。

构念的组合信度（composite reliability，CR），也称为潜在变量的建构信度（construct reliability），主要用于评价一组潜在构念指标（laten construct indictors）的一致性程度，信度愈高说明测量指标间有高度的内在关联（Intercorrelated）；反之，则说明内在关联程度较低（黄芳铭，2005）。在判断标准上，学者们认为组合信度最好在 0.6 以上（Bagozzi and Yi，1988；Diamantopoulos and Siguaw，2000）。Bagozzi 和 Yi（1988）认为，除检验构念的信度外，尚须检验个别构念的信度值（标准化系数值的平方）应大于 0.50，亦即标准化系数必须等于或大于 0.71 以上。组合信度的计算公式是：

$$\rho_c = \frac{\left(\sum \lambda\right)^2}{\left[\left(\sum \lambda\right)^2 + \sum \theta\right]}$$

其中：ρ_c＝组合信度

λ＝观测变量在潜变量上的标准化系数（因子载荷量），即指标因子载荷

θ＝指标变量的误差变异量

最终计算获得内部一致性系数及组合信度结果如表 5-5 所示，由验证性因子分析数据可以看出，员工问卷中任意构念维度的 α 值均在 0.70 以上，最小值为 0.786，属于高信度测量问卷。另外，尽管在测量 OCB11 指标的标准化载荷在 0.5 以下，说明在正式调查时该测量指标在衡量员工利他主义方面存在一定局限。但从整体上看，各构念的组合信度值 CR 最小值为 0.802，也在检验的最低标准之上，说明员工的测量问卷具有较高的组合信度。

从验证性因子分析的模型拟合指数看，验证模型的拟合指数中各拟合指标基本满足相关拟合指数的标准，仅有 AGFI 的值为 0.78，略低于拟

合指数标准临界值 0.8。查看员工测量模型验证性因子分析的修正指数发现，最大修正指数为 THETA-DELTA(24,23)，达到了 132.6587。具体测量指标是 OCB8"愿意协调和同事的关系并与之交流"和 OCB7"愿意在需要的时候分担同事的工作任务"。从两项指标反映的内涵来看，OCB8 具有更广泛的内容，协调与消费者的关系并与之交流落实到具体工作任务上，应该涵盖 OCB7 所描述的内容。因此，在一定程度上 OCB7 是对 OCB8 的具体体现，因而两者具有较高的相关性，从实际内涵讲得通，为此为了更进一步拟合测量模型，在验证性因子模型分析时，将其残差的相关系数进行自由估计。修正后的验证性因子模型的拟合指数 RMSEA=0.081，AGFI 提升到 0.791，NC 则降低为 4.58，其余拟合指数均未出现较显著的变化，说明测量模型经过修正有较为明显的改善。

进一步检查修正指数，仍发现有最大的修正指数是 117.52，数值较大，具体修正项为 THETA-DELTA(10,9)，即测量指标 EMI1 和 EMI2，是员工内化的道德认同测量问项，具体看 EMI1"具有这些特征的人会让我感觉良好"和 EMI2"我也一直在追求这些特征"。从逻辑上讲，因为具有这些特征的人会让自己感觉良好，按照中国文化"物以类聚，人以群分"的思想，让自己感觉良好的人所具有的特征也是自己所要追求的。因而在逻辑关系上仍可将其相关系数进一步放开，让其自由估计，进行模型修正。

模型修正后 EMI1 和 EMI2 残差的标准化相关系数为 0.27，比第一次修正测量模型时 OCB8 和 OCB7 残差标准化的系数 0.14 还要大，检查修正模型的拟合指数发现，RMSEA=0.078，NC=4.25，AGFI 则提高到 0.8035，达到了最低标准要求。同时，再进一步检查最大修正指数也基本满足了要求。经过两次模型修正，所有拟合指数值均满足拟合指数的标准要求，说明员工量表具有较好的信度。

表 5-5　员工测量问卷的信度检验及模型拟合指数

维度及指标		主要参数（样本 N=560）					拟合指数
		λ	θ	t 值	CR	Cronbach's α	
CSR(h)	CSR1*	0.87	0.23	—	0.855	0.845	
	CSR2*	0.85	0.28	21.76			
	CSR3*	0.71	0.49	18.21			
CSR(s)	CSR4	0.74	0.45	—	0.914	0.912	
	CSR5	0.86	0.26	21.16			
	CSR6	0.92	0.14	22.89			
	CSR7	0.93	0.13	23.12			
	CSR8	0.64	0.59	15.31			
EMS	EMI3	0.60	0.64	—	0.802	0.786	x^2=1760.41 RMSEA=0.086 SRMR=0.067 GFI=0.82 AGFI=0.78 NFI=0.96 NNFI=0.96 IFI=0.96 CFI=0.96 NC=4.94 PGFI=0.67 PNFI=0.84
	EMI5	0.87	0.24	14.04			
	EMI6	0.79	0.38	13.69			
EMI	EMI1	0.68	0.53	—	0.889	0.889	
	EMI2	0.68	0.54	14.75			
	EMI8	0.82	0.32	17.52			
	EMI9	0.87	0.24	18.41			
	EMI10	0.85	0.27	18.06			
EOCB1	OCB1	0.86	0.25	—	0.880	0.875	
	OCB2	0.86	0.26	26.13			
	OCB3	0.78	0.39	22.24			
	OCB4	0.70	0.50	19.11			
EOCB2	OCB5	0.95	0.10	—	0.951	0.951	
	OCB6	0.95	0.10	46.79			
	OCB7	0.86	0.27	33.26			
	OCB8	0.89	0.22	36.66			
EOCB3	OCB9	0.85	0.28	—	0.861	0.829	
	OCB10	0.88	0.23	27.21			
	OCB11	0.49	0.76	12.05			
	OCB12	0.81	0.35	23.67			
	OCB13	0.66	0.57	17.42			

　　按照相同的步骤对消费者测量问卷的信度进行检验，验证性因子模型的原始测量结果如表 5-6 所示。

表 5-6　消费者调查问卷信度检验及模型拟合指数

维度及指标		主要参数（样本 N=560）					拟合指数
		λ	θ	t 值	CR	Cronbach's α	
CMS	CMI3	0.67	0.55	—	0.789	0.778	
	CMI5	0.84	0.29	23.31			
	CMI6	0.72	0.48	22.01			
CMI	CMI1	0.67	0.54	—	0.868	0.849	x^2=1602.01 RMSEA=0.120 SRMR=0.073 GFI=0.86 AGFI=0.79 NFI=0.94 NNFI=0.93 IFI=0.95 CFI=0.95 NC=19.07 PGFI=0.60 PNFI=0.75
	CMI2	0.72	0.49	23.60			
	CMI7	0.48	0.77	16.48			
	CMI8	0.80	0.36	26.01			
	CMI9	0.82	0.32	26.56			
	CMI10	0.81	0.34	26.22			
PI	PI1	0.89	0.21	—	0.906	0.903	
	PI2	0.90	0.18	46.83			
	PI3	0.83	0.32	40.17			
RE	RE1	0.87	0.24	—	0.918	0.915	
	RE2	0.86	0.26	43.10			
	RE3	0.93	0.13	49.42			

由结果可知，消费者响应由购买意愿及推荐意愿构成，其内部一致性系数 Cronbach's α 值都超过了 0.70，相应维度的组合信度都超过了 0.90，说明量表的信度达到了最佳（吴明隆，2009）。经过验证性因子分析后，首先发现各测量指标的标准化因子载荷中 CMI7 的值比 0.5 低了 0.02，从该测量指标的设计来看，属于反向测量指标，其测量的信息在反映消费者内化的道德认同方面存在不足，指标包含该维度内涵的信息较低。另一方面，考虑到该维度测量指标除该指标外还有 5 项，与员工测量问卷中 5 项构成一致，且其最后的信度较高，因而根据侯杰泰等（2004）的建议"如果标准化的负荷小于 0.5，对应的指标要考虑删除"，在正式分析后我们将测量消费者的内化道德认同的指标 CMI7 予以删除，删除后的验证性因子模

型的结果见表 5-7 所示。

表 5-7　消费者调查问卷（修正）信度检验及模型拟合指数

维度及指标		主要参数（样本 N=560）					拟合指数
		λ	θ	t 值	CR	Cronbach's α	
CMS	CMI3	0.67	0.55	–			
	CMI5	0.84	0.29	23.31	0.789	0.778	
	CMI6	0.72	0.48	21.99			x^2=1478.02
CMI	CMI1	0.66	0.57	–			RMSEA=0.125
	CMI2	0.70	0.51	22.60			SRMR=0.077
	CMI8	0.81	0.35	25.31	0.874	0.876	GFI=0.86
	CMI9	0.84	0.30	26.08			AGFI=0.79
	CMI10	0.81	0.34	25.44			NFI=0.94
PI	PI1	0.89	0.21	–			NNFI=0.93
	PI2	0.90	0.18	46.83	0.906	0.903	IFI=0.95 CFI=0.95 NC=20.81
	PI3	0.83	0.32	40.17			PGFI=0.58
RE	RE1	0.87	0.24	–			PNFI=0.74
	RE2	0.86	0.26	43.10	0.918	0.915	
	RE3	0.93	0.13	49.42			

　　从表 5-7 的模型拟合指数上看，RMSEA 的值超过了 0.1，NC 的值超过了 5，其余的拟合指数值也不是很理想，说明整个测量模型存在一定问题。查看模型修正指数，发现最大修正指数值为 416.48，是 THETA-DELTA（5，4），是 CMI1 和 CMI2 的残差协方差，出现了与员工数据中相同的情况，因此按照上面的步骤行模型修正，将 CMI1 和 CMI2 的残差自由估计，修正后验证性因子分析模型的 RMSEA 降为 0.101，NC 值降为 14.80，AGFI 变为 0.853，满足了要求，其他拟合指标满足标准要求并有所改善。由此发现两项指标残差的标准化系数为 0.35（t=16.44），说明数据支持两者具有较高的相关性。然后进一步审查修正指数，测量指标 CMI"我业余时间做的事情就能够体现上述特征"和 CMI6"我读的书或杂志可以看出我具有上述特征"，从表达的内容来看，测量指标 CMI5 包含了 CMI6 的内容，且

是它具体体现的一个方面,因此进一步放开其残差的相关系数,结果显示其标准化的相关系数为 0.27,达到了显著水平(t=10.89)。模型拟合指数中 RMSEA 降为 0.0959,其余拟合指数基本达到了最低标准,因而通过两次修正后,保证验证性因子模型具有良好拟合的情况,量表具有较高的信度。

至此,本小节就对研究中所涉及构念的信度进行了检验,结果显示,所有量表均具有比较好的信度,数据拟合得也比较好,说明本书使用的量表具有较高的信度。

(三)效度分析

所谓效度,是指测量指标对于其想要测量的潜在特质(构念或者潜在变量)实际测量的程度, 即实证测量在多大程度上反映了概念的真实含义,它反映了测量结果的准确程度。效度分析以信度为主要条件,通过上文分析,说明量表已经具备了良好的信度。本节将对量表的效度进行检验分析,以判断量表在施测时的准确程度。

效度分析要涉及内容效度(content validity)、建构效度(construct validity)和预测效度(predict validity)。其中,内容效度是一种主观评价,通过研究者主观上的判断,来考察测量工具(量表)是否涵盖了所要测量的某一概念的所有测量项目(层面),是判断量表内容优劣程度的指标。一般而言,如果测量工具涵盖它所要测量的某一概念的代表性项目,也就是具体而微,则基本可认为是具有内容效度(荣泰生,2009)。

建构效度,是指测量工具能测量构念或特质之程度而言(黄炽森,2006)的,是指量表对所测量的概念的本质及相关关系的测量程度,一般包括收敛效度(convergent validity)和区别效度(discriminant validity),前者是指测量相同潜在特质的测量指标会落在同一个共同因素上, 后者是指测量不同潜在特质的测量指标会落在不同共同因素上(吴明隆,2009)。而预测效度主要强调的是两个时间点的数据预测效果。

内容效度正如在小样本分析中所言，本量表的生成经过了科学严谨的过程，在回顾相关企业社会责任并通过深度访谈、焦点小组、双向翻译以及专家学者的研判进行补充和筛选，从而保证了量表具有良好的内容效度。本节重点采用 LISREL V8.70 软件中 CFA 检验量表的建构效度。

1.收敛效度检验

收敛效度主要通过测量指标的标准化载荷系数和平均方差提取量（average variance extracted, AVE）来检验（Mueller, 1996），其判断的标准是当标准化的因子载荷小于 0.45 时，是不理想状态，当大于 0.63 时是非常好，大于 0.71 是非常理想的标准（Bentler, 1983；邱皓政和林碧芳, 2009）。同时，测量指标因子的载荷达到显著性水平（t>1.96），另一个平均方差提取量 AVE 的最低标准为 0.50（阎俊和佘秋玲, 2009）。其中平均方差提取量的计算公式是：

$$\rho_v = \frac{\left(\sum \lambda^2 \right)}{\left[\left(\sum \lambda^2 \right) + \sum \theta \right]}$$

其中：ρ_v=平均方差抽取量

λ=观测变量在潜变量上的标准化系数（因子载荷量），即指标因子载荷

θ=指标变量的误差变异量

由上一节中验证性因子分析的结果可知，在所有模型拟合都比较好的前提下，所有因子的标准化因子载荷值在 0.49~0.93 之间，都超过了最低标准，并且所有指标的因子载荷的 t 值都远远大于 1.96。在 p<0.001 的条件下显著，各构念下测量指标平均方差提取量 AVE 值结合上一节的验证性因子分析的结果按照上述公式可以计算，结果如表 5-8 所示。所有构

念的平均方差提取量为 0.522 和 0.829 之间,大于最低标准值 0.50(吴明隆,2009),说明测量指标确实有效反映了各构念的潜在本质,因而问卷的测量的指标具有良好的收敛效度。

2.区别效度检验

区别效度是指在整个概念测量量表中,某一维度(或因子)与其他维度(或因子)在特质方面的差异程度。经常使用的区别效度检验方法有三种:①Anderson 和 Gerbing(1988)提出的置信区间检验法,通过两两比较构念之间的协方差来判断,若构念之间的协方差的绝对值加减 2 倍标准误差,获得上限与下限的值之间不包含 1,则两个构念之间具有区别效度(Anderson and Gerbing,1988)。②按照 Fornell 和 Larcker(1981)的方法,通过平均方差提取量与构念间的相关系数进行比较来检验区分效度(Fornell and Larcker,1981)。③运用结构方程模型中的竞争模型方法进行比较,利用两个 CFA 模型进行比较,如果两个构念之间自由估计的模型与另外一个完全相关的模型相比,前者明显优于后者,则代表两者具有区别效度。鉴于上文中已经获取了各构念的 AVE 值,因此以下采用第二种方法进行检验量表的区别效度。

结果如表 5-8 所示。从结果中可以看出,在员工的 7 个构念维度的区分效度除了员工组织公民行为中的责任意识维度(EOCB3)与员工企业认同(EOCB1)、员工利他主义维度(EOCB2)的相关系数略高于员工责任意识的 AVE 值外,其余的相关系数均低于构念维度 AVE 值的平方根,消费者问卷的测量构念区分度也较好,说明整个量表的区别效度较好。

表 5-8 调查问卷的平均方差提取量及平方根、相关系数

序号	维度名称	AVE	1	2	3	4	5	6	7	8	9	10	11
1	CSR(h)	0.665	0.82										
2	CSR(s)	0.656	0.559	0.81									
3	EMI	0.553	0.129	0.241	0.74								
4	EMS	0.580	0.145	0.377	0.611	0.76							
5	EOCB1	0.648	0.246	0.423	0.695	0.493	0.81						
6	EOCB2	0.829	0.142	0.309	0.650	0.447	0.802	0.91					
7	EOCB3	0.522	0.217	0.429	0.691	0.529	0.853	0.904	0.72				
8	CMI	0.559								0.75			
9	CMS	0.525								0.608	0.72		
10	PI	0.763								0.531	0.397	0.87	
11	RE	0.791								0.580	0.461	0.820	0.89

* 注:相关系数矩阵中,对角线上有底纹的数值为构念 AVE 的平方根,其余数值为各构念之间的相关系数。

(四)聚合检验

另外,本书分析中设计企业与个体两个层面,由于企业层面的企业社会责任、组织公民行为及道德认同是由多个企业的员工进行评价,在进行跨层次检验时,还要对数据由个体层面转化到高一层面的内部一致性进行检验,主要包括内部一致性(Within-Group Agreement)R_{wg} 和组内相关 ICC(1)、ICC(2)以判断个体层面的数据能否聚合到企业层面。

其中,R_{wg} 是指同一个组织之内,所有组织成员针对单一题项测量分数的共识程度(agreement)。ICC(1)称为组织相关系数,其目的在于衡量资料违反独立性的程度,它代表任一群体内任两位被试者,其结果变项间相关的期望值是捕捉组内资料的相似性或是资料的非独立性(Hox,2002)。换言之,组内相关系数即是个体间相依程度测量。而 ICC(2)是延伸自组内相关系数,是计算各组成员在个题项的得分,经求组内成员的平均数作为该组间平均数作为该组分数,然后计算这个体现的组间变异数,再除以

这个题项各组间平均数的变异数。换言之，ICC（2）的内容就是在计算组间变异数占各组平均数的变异数的比例，是指测量数据的一致性程度。对于R_{wg}和ICC（2），在研究实务上，一般都以0.7为理想水准（温福星、邱皓政，2015），当研究中的个体层次变量在每组的R_{wg}和ICC（1）都达到了0.7水准时，即被认定具有足够的信度和效度支持这些个体层次的变量可以聚合成组织构念，然后作为组织变量进行多层线性模型分析。若R_{wg}达不到0.7，则代表这个组织内的成员针对这些题项共识不足，因此不能以平均数作为高层解释变量。对于ICC（1）判断值，Cohen（1988）提出了3个判断标准值，当其小于0.059时，算是相当小的组内相关系数，其结果可以略而不计；其次，是介于0.059~0.138，这样的大小算是中度相关；至于高于0.138则算是高度的组内相关，Cohen认为当ICC（1）大于0.059时则必须考虑多层次的统计分析。

按照温福星和邱皓政（2015）提供的计算方法，我们用SPSS20.0计算企业层面上对员工的社会责任、员工道德认同及组织公民行为的R_{wg}，利用HLM6.0进行计算ICC（1）和ICC（2），其结果见表5-9所示。

表5-9　员工调查问卷各维度的聚合检验结果

维度名称	平均R_{wg}	ICC（1）	ICC（2）
参考值	>0.7	>0.059	0.7
CSR（h）	0.822	0.463	0.838
CSR（s）	0.795	0.598	0.899
EMI	0.937	0.175	0.5606
EMS	0.856	0.158	0.530
EOCB1	0.898	0.246	0.662
EOCB2	0.926	0.286	0.706
EOCB3	0.894	0.284	0.704

由表5-9中的数据可以看出，仅有员工内化道德认同（EMI）和外显道德认同及企业认同（EOCB1）的ICC（2）值比标准略低以外，其余的都满足

了要求,考虑到 ICC(2)受到被调查小组样本数量影响较大,当组内样本越多时,ICC(2)的值就越大。[①]而本次调查每个企业仅调查 5 位员工,样本量限制了 ICC(2)的值,能有这样的结果已经相当理想。因而可以聚合在一起做后续的验证。

通过对大样本数据的信度与效度分析,回收数据说明测量问卷都具有较高的信度和效度,说明数据与理论模型拟合较好,可以进一步做多层分析,来验证本文的基本假设。

四、模型验证与假设检验

(一)企业员工社会责任与消费者响应的主效应

首先验证本文中提出的跨层主效应,我们利用 HLM6.02 软件进行两个层次的多层线性模型分析。本书采用了学术界通常使用的方法(廖卉和庄瑷嘉,2008;谢礼珊等,2015),即对第一层的自变量采用总平均值中心化的方法(grand mean centering),只有在验证跨层次的调节作用时,才将第一层的预测变量进行分组平均值中心化(group mean centering)。进行多层线性模型分析的先决条件是因变量的组间方差和组内方差均有明显的变异存在(Hofmann,1997)。因此,首先使用限制性极大的似然估计方法,以消费者响应即购买意愿和推荐意愿为因变量进行单因素方差分析,即构建零模型 M0。

---

① 罗胜强、姜嬿:《管理学问卷调查研究方法》,重庆大学出版社,2014 年。

表 5-10　企业的员工社会责任与消费者响应主效应结果

自变量 ＼ 因变量	M0		M1		M2	
	PI	RE	PI	RE	PI	RE
截距项	5.422**	5.681**	5.395**	5.650**	5.391**	5.651**
Level 1 控制变量						
CGENDER			0.191**	0.200**	0.189**	0.199**
CAGE			0.085	−0.080	0.087	−0.086
CEDU			−0.034	0.081†	−0.034	0.078*
CSALARY			0.293**	0.276**	0.269**	0.262**
Level 2 自变量						
CSR(h)					0.081*	0.021
CSR(s)					0.083*	0.077**
σ^2、x^2						
σ^2	1.509	1.244	1.273	1.027	1.281	1.026
$\tau_{00}(U_0)$	0.242	0.141	0.138	0.095	0.099	0.083
ICC(1)	0.138	0.102				

* 注:†P<0.1,*P<0.05,**P<0.01。

　　分析结果表明(见表 5-10),消费者购买意愿和推荐意愿的组间方差占总方差分别是 13.8% 和 10.2%,超过了 0.059 的标准,说明消费者响应具有显著的组间方差,因此进行跨层分析。

　　模型 1(M1)检验层次 1 的控制变量与消费者响应的关系,结果见表 5-10 中的 M2 列所示,消费者的性别(CGENDER)、收入水平(CSALARY)对于消费者响应具有显著的预测效果。其中随着收入水平的提高,消费者越容易做出响应,在性别上女性比男性则具有更高的响应。另外,随着受教育水平的提高,消费者对其他消费者的推荐意愿也越高。

　　利用随机系数回归模型检验层次 2 的自变量与消费者响应的关系,如表 5-10 中的 M2 列所示,其中层次 2 自变量 CSR(h)和 CSR(s)的系数是以消费者响应截距项为结果变量的系数。由模型 M2 的回归系数结果可以看出,企业对于员工的硬责任 CSR(h)与软责任 CSR(s)对消费者购买意愿具有显著的正向跨层影响（γ_{01}=0.081，t=2.282；γ_{02}=0.083，t=2.249），说明企业对员工履行更好的社会责任，无论是硬责任还是软责任，在一定程度上都能影响消费者的购买意愿。另一方面，在推荐意愿上，企业对员工的软责任与硬责任的影响作用则表现出一定的差异，其中软责任则能在P<0.01水平上显著地正向影响消费者的推荐意愿（γ_{02}=0.077，t=3.023），而硬责任则对推荐意愿的影响尽管为正，但影响作用不显著（γ_{01}=0.021，t=0.684）。由此，可以知假设 H1 得到部分支持，H2 得到支持。

（二）员工组织公民行为在企业的员工社会责任与消费者响应中的跨层中介效应

为了验证员工的组织公民行为在企业的员工社会责任与消费者响应中间起的跨层中介作用，在模型中通过增加中介变量来验证模型假设。多层次嵌套中介模型在深入解释自变量和因变量之间的作用机制上具有较为显著的优势（温福星，2009）。在两层级中介效应模型中最常用的模型有三种（Mathieu and Tayor，2007；Zhang，Zyphur and Preacher，2009），本书采用的是跨层级中介效应高层中介变量模型（cross-level mediation-upper mediator），即 2-2-1 模型。①

---

① 2-2-1 是用三个数字来描述多层级间的关系，这三个数字依次代表自变量、中介变量和因变量的层级，数字 2 表示层级 2，数字 1 表示层级 1，2-2-1 表示层 2 自变量 Xj 通过层 2 中介变量 Mj 对因变量 Yij 的影响。

表 5-11　员工组织公民行为中介效应检验

因变量\自变量	M0		M1		M2			M31		M32		M33	
	PI	RE	PI	RE	EOCB1	EOCB2	EOCB3	PI	RE	PI	RE	PI	RE
截距项	5.422**	5.681**	5.427**	5.690**				5.427**	5.690**	5.427**	5.690**	5.427**	5.690**
Level 2 自变量													
CSR(h)			0.108**	0.051	−0.35	−0.077	−0.064	0.108**	0.051	0.108**	0.051	0.107**	0.050
CSR(s)			0.117**	0.103**	0.405**	0.356**	0.469**	0.114**	0.098**	0.101**	0.102**	0.0116**	0.096**
Level 2 中介变量													
EOCB1								0.027	0.028				
EOCB2										0.061	0.008		
EOCB3												0.001	0.036
σ^2	1.509	1.244	1.511					1.510	1.243	1.511	1.242	1.511	1.242
$\tau_{00}(U_0)$	0.242	0.141	0.147					0.147	0.098	0.142	0.098	0.147	0.097
ICC(1)	0.138	0.102											

* 注：†P<0.1，*P<0.05，**P<0.01。

检验中介效应最为常用的就是 Baron 和 Kenny（1986）提出的依次回归检验程序。首先，主效应必须显著，即因变量（DV）对自变量（IV）的回归系数需要显著，否则就没有必要进行下一步；其次，自变量对中介变量（M）影响显著；最后，控制自变量对中介变量和自变量对因变量两条影响路径后，若主效应所表现出的显著作用不再存在或减少了。这时，我们就说 M 在 IV 与 DV 的关系之间起到了中介效应（温忠麟等，2004）。

由表 5-11 中的结果可以看出，当员工的企业认同进入多层分析模型时可以发现企业对员工软责任与消费者购买意愿的系数降低，由原来的 0.117 降低到了 0.114，推荐意愿的系数由原来的 0.103 降低到了 0.098，起到了部分中介的作用，但在硬责任与消费者响应的关系上没有发生改变，说明在企业的员工硬责任与消费者响应的关系上，员工的企业认同未起到中介作用，因而假设 H3 得到部分支持。同样的情况也出现在员工的利他主义行为与员工的责任意识的中介效应中，因而假设 H4 和假设 H5 得到了部分支持。

(三)企业层员工社会责任对组织公民行为的影响

运用 Lisrel8.7 软件对企业层的理论模型进行验证，对各构念维度之间的路径进行分析，输出结果如图 5-1 所示，员工社会责任对组织公民行为影响的路径系数及模型拟合指数结果见表 5-12 所示。

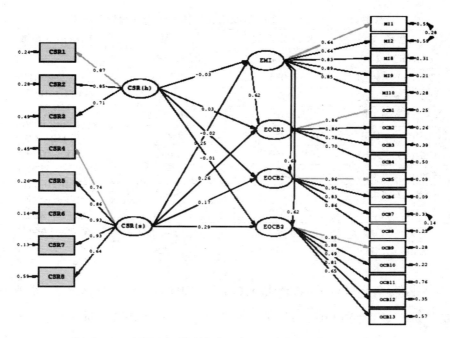

Chi-Square=1210.70, df=282, P-value=0.00000, RXSKA=0.077

图 5-1　员工社会责任与组织公民行为结构方程图

由表 5-12 可以看出，企业层面中，企业对员工的社会责任与组织公民行为结构方程模型的拟合指标均达到了较好的水平，说明模型设定较为理想。从标准化的路径系数来看，企业的员工社会责任与员工组织公民行为的关系具有较大的差异。

首先，企业的员工社会"硬责任 CSR(h)"对组织公民行为以及员工内化道德认同的影响并不显著（所有的 t 值均小于 1.96），特别的员工"硬责任"对员工内化的道德认同以及员工利他行为、责任意识甚至有负向影响，因而假设 H6 未得到支持。

表 5-12　员工社会责任与组织公民行为结构方程模型结果

路径	标准化系数	t 值	模型拟合指数
CSR(h)→EMI	−0.031	−0.529	x^2=1206.6811 RMSEA=0.077 NFI=0.9650 NNFI=0.9688 PNFI=0.8373 CFI=0.9729 IFI=0.9730 SRMR=0.061 GFI=0.8572 AGFI=0.8222 PGFI=0.6887
CSR(h)→OCB1	0.034	0.7556	
CSR(h)→OCB2	−0.022	−0.487	
CSR(h)→OCB3	−0.011	−0.2467	
CSR(s)→EMI	0.250	4.293	
CSR(s)→OCB1	0.259	5.682	
CSR(s)→OCB2	0.170	3.737	
CSR(s)→OCB3	0.289	6.317	
EMI→OCB1	0.622	12.421	
EMI→OCB2	0.641	12.430	
EMI→OCB3	0.618	12.329	

其次,企业对员工的"软责任 CSR(s)"则作用显著,具体来看,企业对员工的"软责任 CSR(s)"正向影响员工的内化道德认同(β=0.250,t=4.293),正向影响员工组织公民行为的企业认同(β=0.259,t=5.682),正向影响员工组织公民行为的利他行为(β=0.170,t=3.737),正向影响员工组织公民行为的责任意识(β=0.289,t=6.317),而且 t 值均超过了 1.96,说明其作用都达到了显著水平,因而 H7 得到验证。

(四)员工道德身份认同的作用

第一,员工内化的道德身份认同在企业的员工社会责任与员工组织公民行为中的中介作用得到了部分验证。

首先,企业对员工的社会责任中,软责任与员工内化的道德认同的路径系数为 0.250(t=4.293),达到了显著水平。其次,员工内化的道德认同对员工组织公民行为的作用较大,对企业认同、利他主义行为与责任意识的路径系数分别是 0.622(t=12.421)、0.641(t=12.421)和 0.618(t=12.329),均达到了显著性水平。最后,通过结构方程模型输出的中介效应结果来看

（见表5-13），企业对员工的硬责任无论是对员工的组织公民行为中的任何一个维度的总效应以及间接效应都没有达到显著水平（所有的t值均小于1.96），说明员工内化的道德认同在企业员工硬责任与员工组织公民行为之间并不具有显著的中介效应。

与之相反，结果显示员工内化的道德认同在企业的员工软责任与员工组织公民行为中则起到显著的部分中介效应。具体来看，企业的员工软责任对员工组织公民行为中的企业认同总效应是0.4842（t=7.3613），间接效应是0.1817（t=4.2594）；对员工利他主义行为的总效应是0.4156（t=5.8479），间接效应是0.1955（t=4.2596）；对员工责任意识的总效应是0.5073（t=7.8334），间接效应是0.1768（t=4.2636）。根据温忠麟等（2004）的方法和标准，所有间接效应的t值都大于0.97，结合其路径系数可以得出员工内化的道德认同在企业员工硬责任与员工组织公民行为之间不具备显著的中介作用，在企业员工"软责任"与组织公民行为之间具有显著的部分中介作用，因而H8部分得以验证。

表5-13 员工内化道德认同中介效应结果

结果变量	输出结果		自变量	
			CSR(h)	CSR(s)
EMI	总效应	估计值	−0.0227	0.2178
		标准误	0.0429	0.0507
		t值	−0.5287	4.2932
	间接效应	估计值	–	–
		标准误	–	–
		t值	–	–
OCB1	总效应	估计值	0.0145	0.4842
		标准误	0.0547	0.0658
		t值	0.2649	7.3613
	间接效应	估计值	−0.0189	0.1817
		标准误	0.0358	0.0427
		t值	−0.5286	4.2594

续表

结果变量	输出结果		自变量	
			CSR(h)	CSR(s)
OCB2	总效应	估计值	−0.0447	0.4156
		标准误	0.0608	0.0711
		t 值	−0.7354	5.8479
	间接效应	估计值	−0.0204	0.1955
		标准误	0.0385	0.0459
		t 值	−0.5288	4.2596
OCB3	总效应	估计值	−0.0290	0.5073
		标准误	0.0533	0.0648
		t 值	−0.5450	7.8334
	间接效应	估计值	−0.0184	0.1768
		标准误	0.0348	0.0415
		t 值	−0.5288	4.2636

第二，员工外显的道德身份认同在企业对员工责任与员工组织公民行为中调节作用得到部分验证。

所谓调节变量是指一个变量能够影响某个自变量与因变量之间关系的方向或者强度。调节效应的检验中需要注意的是,在检验调节效应前将所有变量进行中心化,中心化后的变量在原来变量的代码前加"Z"。检验结果见表5–14所示。检验结果显示自变量不存在自相关和严重的多重共线性问题。

表5-14　员工外显道德认同对员工社会责任与组织公民行为的调节作用

变量		企业认同ZOCB1			利他主义行为ZOCB2			责任意识 ZOCB3		
		ST1	ST2	ST3	ST1	ST2	ST3	ST1	ST2	ST3
控制变量	ZGENDER	0.171**	0.088*	0.093*	0.182**	0.110**	0.116**	0.172**	0.095*	0.100*
	ZAGE	0.081†	0.054	0.060	0.069	0.046	0.050	0.114**	0.090*	0.096*
	ZEDU	0.022	0.014	0.010	0.074†	0.066	0.063	0.084**	0.076*	0.072†
	ZCOMPOS	0.087†	0.066	0.087*	0.135**	0.117*	0.136**	0.113*	0.094*	0.115*
	ZSALARY	0.019	-0.021	-0.041	-0.003	-0.039	-0.055	0.014	-0.023	-0.044
自变量	ZCSRh	-0.044	0.006	0.017	-0.083	-0.039	-0.028	-0.088	-0.042	-0.032
	ZCSRs	0.399**	0.243**	0.233**	0.339**	0.204**	0.194**	0.439****	0.296**	0.285**
调节变量	ZEMS	—	0.380***	0.364***	—	0.331***	0.317***	—	0.349***	0.333***
交互项	ZCSRhEMS	—	—	-0.056	—	—	-0.063	—	—	-0.047
	ZCSRsEMS	—	—	-0.056	—	—	-0.036	—	—	-0.068†
方程指数	R^2	0.209	0.322	0.330	0.162	0.247	0.254	0.248	0.343	0.352
	ΔR^2	—	0.113**	0.009**	—	0.086**	0.007†	—	0.095**	0.009*
	F值	19.464	30.868	25.579	14.374	21.399	17.686	24.564	34.021	28.220

* 注：N=532；†P<0.1，*P<0.05，**P<0.01（双尾）。

由表 5-14 可以看出，员工外显道德认同的调节作用只得到验证，尽管在加入调节变量员工外显道德认同后，回归方程的 ΔR2 都在 P<0.01 水平上显著增加，增加交互项后方差解释量也都在 P<0.1 水平上显著增加。但自变量与调节变量的交互项的标准化系数仅在员工软责任与员工外显道德认同的交互项上对员工责任意识组织公民行为在 P<0.1 水平上呈显著的负向影响，其余的均不显著。只有员工外显道德认同在员工软责任与员工责任意识之间存在的显著的调节效应见图 5-2 所示。由调节效应图和上述结果可以得出 H9 得到部分支持。

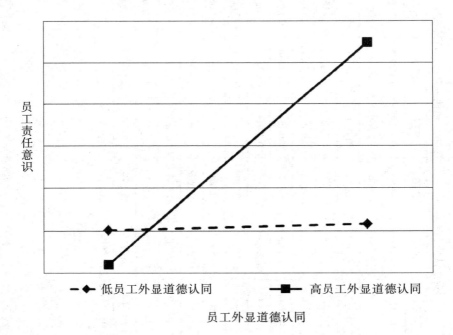

图 5-2　员工外显道德认同对员工软责任与员工责任意识的调节效应

（五）企业性质的调节作用

由于企业性质属于分类变量，其调节作用的检验本书使用哑变量的方法，其中研究样本的企业性质有 4 类，按照哑变量的方法如果样本有 m

类,则需要 m−1 个哑变量。所以企业的性质用 CN1~CN3 三个哑变量进行分类,其中 CN1=1 表示国有企业,CN1=0 表示其他企业;CN2=1 表示民营企业,CN1=0 表示其他企业;CN3=1 表示外资企业,CN1=0 表示其他企业。为了防止跨层回归时出现多重共线性问题,本书现将企业的员工社会责任的两个变量及企业性质进行中心化,然后再进行跨层回归分析,最后的结果见表 5−15。

由表 5−15 中的结果来看,在跨层分析时消费者响应受企业性质的影响并不显著,在不同所有制类型的企业之间,其对消费者的响应并没有差异,说明企业所有制类型并不是消费者做出响应的直接影响因素,需要其与其他的影响因素相结合才能发挥其作用。

此外,从企业所有制类型与企业的员工社会责任的交互项看,整体而言,消费者不会因为企业的所有制类型不一样,而导致消费者响应有显著差异,尽管国有企业对主效应的关系有弱化作用(交互项系数都为负数),但均未达到 P<0.1 水平上的显著性,因而难以做出国有企业的员工社会责任与消费者响应的关系因其国有性质而减弱的结论。

另外,值得注意的是,外资企业却因为其外资资本的性质,使其员工硬责任与消费者推荐意愿的关系在 P<0.05 水平,这显著地($\gamma05=0.236$,t=2.514)高于国有企业、民营企业和合资企业。

最后,民营企业在员工软责任与消费者响应的关系上,尽管未达到显著性水平,但却高出国有企业、外资企业和合资企业,在某种程度上说明消费者会因为目标企业是民营企业,而对履行较好员工软责任的企业做出更高的响应。因而所有假设 H12 仅得到部分支持。

表 5-15　企业性质的调节效应检验

因变量 / 自变量	M0 PI	M0 RE	M1 PI	M1 RE	M2 PI	M2 RE	M3 PI	M3 RE	M4 PI	M4 RE
截距项	5.426**	5.687**	5.425**	5.387**	5.426**	5.688**	5.426**	5.684**	5.422**	5.680**
Level 1 控制变量										
CGENDER	0.236**	0.236**	0.237**	0.236**	0.237**	0.236**	0.237**	0.236**	0.237**	0.236**
CAGE	0.078	−0.065	0.078	−0.065	0.078	−0.065	0.078	−0.065	0.078	−0.065
CEDU	−0.027	0.074	−0.027	0.074	−0.027	0.074†	−0.027	0.074†	−0.027	0.074†
CSALARY	0.282	0.295**	0.282	0.295**	0.282	0.295**	0.282	0.295**	0.282	0.295**
Level 2 自变量										
CSR（h）	0.108**	0.053	0.108*	0.056	0.140*	0.075	0.105	0.114†	0.078	−0.000
CSR（s）	0.117**	0.104**	0.119**	0.105**	0.144**	0.131**	0.071	0.047	0.128*	0.120*
Level 2 调节变量										
CN1	—	—	0.150	0.259	1.368†	1.201†	0.0375	0.175	0.144	0.244
CN2	—	—	0.004	0.076	0.098	0.158	−0.614	0.040	−0.008	0.049
CN3	—	—	0.018	0.059	0.078	0.116	−0.079	−0.044	−0.563	−1.093
Level 2 交互项										
CN1* CSR（h）	—	—	—	—	−0.101	−0.050	—	—	—	—
CN1* CSR（s）	—	—	—	—	−0.124	−0.126	—	—	—	—
CN2* CSR（h）	—	—	—	—	—	—	0.002	−0.120	—	—
CN2* CSR（s）	—	—	—	—	—	—	0.106	0.126	—	—
CN3* CSR（h）	—	—	—	—	—	—	—	—	0.122	−0.030
CN3* CSR（s）	—	—	—	—	—	—	—	—	0.236*	−0.053
σ^2	1.420	1.148	1.420	1.149	1.420	1.149	1.420	1.148	1.420	1.148
$\omega_0(U_0)$	0.167	0.115	0.172	0.113	0.172	0.108	0.173	0.114	0.175	0.106

* 注：†$P<0.1$，*$P<0.05$，**$P<0.01$。

（六）人口统计变量的作用

1. 员工人口统计变量的结果

从员工性别来看，女性员工在组织公民行为的各个维度上都显著优于男性员工的表现。可见，女性比男性在感知企业员工责任的外化方面表现更好。

从员工年龄来看，随着年龄的增长，只有员工的"责任意识"显著增强，而在企业认同、利他主义两个维度上，并没有显著变化。

从员工受教育程度来看，与员工年龄的情况相同，受教育程度高的员工会表现出更强的"责任意识"，而在其余两个组织公民行为维度上没有显著差别。

员工的职位对组织公民行为的各个维度也有一定的影响。职位越高，在"利他主义"方面的表现会显著提高，其程度甚至会高于"责任意识"，职位高的人在"企业认同"方面虽然略高于职位低的员工，但是并不显著。这也与我们平时的管理经验相一致，企业领导通常需要带领整个团队、企业完成目标，因此需要表现出更多的利他行为。

但是收入水平对组织公民行为的影响并不显著。这也从一定程度上印证了组织公民行为产生的基础是双方的心理契约，而不仅仅是金钱能够决定的。

2. 消费者人口统计变量的结果

消费者的性别（CGENDER）、收入水平（CSALARY）对于消费者响应具有显著的预测效果。其中消费者随着收入水平的提高越容易做出响应，在性别上女性比男性则具有更高的响应。另外，随着消费者受教育水平的提高，消费者对其他消费者的推荐意愿也越高。

五、本章小结

本研究的正式调研耗时两年，共向 133 家企业发放了 2660 份问卷，共回收 2101 份，回收率为 78.98%，然后通过列删法删除缺失值以及无效的样本，最终有效样本为 1937 份，有效回收率是 72.82%，其中 133 家企业层面的员工数据样本为 560 份，消费者层面的数据为 1377 份。通过共同方法偏差检验、信度检验和效度检验后，发现本书大样本数据具有一定的代表性，并且数据结构稳定，问卷质量可靠，随后通过正式调研数据对本研究理论假设进行实证检验，最终实证检验结果如表 5-16 所示。

表 5-16　本研究假设检验结果汇总

模型假设内容	检验结果
H1：企业对员工的硬责任水平与消费者响应正相关	部分支持
H2：企业对员工的软责任水平与消费者响应正相关	支　持
H3：公司认同在企业对员工社会责任与消费者响应之间起中介作用	部分支持
H4：利他行为在企业对员工社会责任与消费者响应之间起中介作用	部分支持
H5：责任意识在企业对员工社会责任与消费者响应之间起中介作用	部分支持
H6：企业对员工的硬责任水平正向影响员工组织公民行为	不　支持
H7：企业对员工的软责任水平正向影响员工组织公民行为	支　持
H8：员工内化道德身份认同在员工社会责任与组织公民行为的关系中起中介作用	部分支持
H9：企业的员工责任与组织公民行为受到员工外显道德身份认同的调节作用，员工的道德身份认同水平高，会强化组织公民行为	部分支持
H10：在不同的企业所有制类型中，企业对员工责任与消费者响应之间的关系存在差异，国有企业强于民营企业强于外资企业	部分支持

第六章
结论与建议

一、主要结论与讨论

本书的研究证明了企业社会责任行为可以作为一种重要的关系营销方式。关系营销本质上是"企业为了建立、发展和保持与利益相关方之间的成功的关系性交换所采取的一系列行动"（Morgan and Hunt, 1994）。这里所指的关系营销含义丰富，不仅包括改善企业内部关系，即企业-员工之间的关系，而且包括企业外部关系，即企业-消费者之间的关系，由此可见，企业对员工社会责任的良好表现更是能够达到"一石二鸟"的良好效果。

(一)企业承担员工社会责任的内容与维度

作为兼容的研究领域，企业社会责任有着宽泛的边界、多元化的成员、多学科交叉的观点，在对其深入研究的半个多世纪里，正如前文所描述的概念阶梯图一样，学术界出现了众多刻画企业社会责任的概念。这些概念在本质上都是在探讨企业作为市场主体和法律主体在社会中的角色和功能、与社会的关系及对社会的影响这一根本性问题。然而大多数研究对企业社会责任的测量都是"大而全"的,从利益相关方的视角出发,涉及股东、员工、消费者、环境等各个层面的企业社会责任内容,这样会导致对企业社会责任内在本质、深层次内容与维度研究不透(Basu and Palazzo,2008)。

因此,通过文献研究可以发现,在 2002 年以后,专门针对员工社会责任内容、维度讨论的研究越来越多,Greenwood 和 Simmons(2004)通过实证研究的方法,提出了西方文化背景下的员工社会责任构成的"三维度"及其内容:硬责任、软责任、道德责任。硬责任强调企业短期利益与绩效,视员工为劳力(labor),是生产要素,而非人力资本,提供最低的工资、有限的发展机会及基本的工作环境,这是企业承担员工责任的底线。软责任强调企业的长期利益,视员工为重要的利益相关者(employee stakeholder),重视员工能力的培养,为员工提供更好的工作环境及福利补贴,将员工的发展目标作为组织目标的重要组成部分。道德责任维度包含了企业发展与整个社会的发展相关联的内涵。视员工为所有利益相关者中最独特的成员(unique position),是企业可持续发展的目标,企业的竞争优势。

为了将各维度指标具体化和中国化,在借鉴已有量表的基础上,结合中文文献相关研究,以及 CSR 专家访谈、调研等,按照量表编制的科学程序,编制了中国情境下企业承担员工社会责任量表。基于问卷调查回收的数据,从探索性因子分析、验证性因子分析及模型检验的结果表明,在中国情境下的员工社会责任维度与西方确有不同,虽然具体指标内容相近,但是员工感知到的维度划分上,软责任与道德责任并没有实质性差异。员工认为超出企业履行基本责任之外的责任行为都是"软责任",并没有将对员工的福利补贴、职业发展机会等与鼓励员工从事慈善活动等区分开,而且聚合度很好。因此,我们认为在中国情境下,企业对员工的社会责任可以分为"硬责任""软责任"两个维度。在随后的数据合并模型假设检验中,本书所提的大部分假设也获得了实证数据分析结果的支持,模型回归的决定系数较高。可见,在中国文化背景下,企业对员工社会责任的概念及其两个构成维度具有一定的科学性和合理性。

中西方研究存在差异的原因可能有以下两点:一是由中国企业社会责任的阶段特征所决定的。中国企业开始重视企业社会责任,尤其是员工社会责任也不过短短十几年,履责内容、方式还在初步完善中,因此很多西方企业的成熟做法我们还没有达到,需要继续努力。例如,我们调研的某些美国公司鼓励员工参加慈善活动,每月有一天带薪假期,允许员工参与社区或慈善组织的活动。这在中国企业中几乎没有先例,因此很难区分出"道德责任"这一维度。二是我国企业员工的人权、社会责任意识还没有完全被唤醒。因此,员工感知到企业的社会责任还不够细化,对企业的要求也还没有上升到"道德责任"这么高的层面,认为只要是超越一般员工需求的责任都是企业的"软责任",足以形成员工良好的心理契约,进而引发员工的组织公民行为。

(二)员工的组织公民行为对消费者响应的跨层中介作用

虽然组织公民行为的预测变量和结果变量已经被很多研究证实,但从企业社会责任角度探索其影响因素的研究还十分匮乏,大多数研究单纯讨论预测变量,或者结果变量,且研究结论并不一致(刘远、周祖城,2014)。本书贯通了组织公民行为研究的两个方面:首先是"前因"(antecedent),包括企业对员工的社会责任、员工道德身份认同(个人特征);其次是"后果"(consequence),即对消费者响应的跨层影响作用。因此,本书在一定程度上完善了组织公民行为的研究链条。

重新定义员工责任

从员工组织公民行为的前因变量来看，首先企业对员工的硬责任与组织公民行为的影响并不显著（所有的 t 值均小于 1.96），特别的员工硬责任对员工内化的道德认同以及员工利他行为、责任意识甚至有负向影响。其次，企业对员工的软责任则正向影响员工组织公民行为的企业认同（β=0.259，t=5.682），正向影响员工组织公民行为的利他行为（β=0.170，t=3.737），正向影响员工组织公民行为的责任意识（β=0.289，t=6.317），而且 t 值均超过了 1.96，说明其作用都达到了显著水平。

这一结论在一定程度上解释了为什么社会责任与组织公民行为的研究结论有时会相反，即之前的研究并没有对社会责任的具体议题和维度进行细化，分别研究与组织公民行为的关系。该结论可以从心理契约和心理契约破坏的角度进行理解。企业对员工的好，超出法律规定范围，则能够在一定程度上激发员工的组织公民行为。但是如果企业连员工基本的薪酬水平、安全工作环境等无法保证，则会出现企业-员工心理契约破坏，甚至会对组织公民行为产生负向的影响。最后，本书也验证了员工"内化的道德身份认同"部分中介企业对员工的软责任与员工组织公民行为。这与 Organ 和 Ryan（1995）对 55 个 OCB 前因研究进行元分析结论一致，即个人个性因素与组织公民行为具有显著和稳定的相关性。

从组织公民行为的结果变量来看，本书验证了员工组织公民行为的三个维度在企业对员工软责任与消费者响应之间都存在显著的中介作用。但是硬责任的相关假设并没有得到验证。该结论可以用社会交换理论中的正互惠原则来解释，只有企业内部的员工有较高的工作满意度时，才会产生外部效应，员工才能以超越任务绩效本身的工作努力来服务消费者，从而得到良好的响应。这一结论也为我们提供了重要的管理启示，企业应重视员工软责任维度的满足，这样不仅有利于留住企业员工，增加企业认同，更重要的是可以以最小的成本获得消费者的响应，从而实现企业经营的良性循环。

(三)道德身份认同的作用机制

企业社会责任的研究总是与道德的讨论密不可分。然而将个人道德特质变量引入社会责任研究中得还不是很多。道德身份认同是一种驱动道德行为的自我约束机制,它是人们构建自我身份认定的重要基础,是明确个人信仰、态度及行为的重要依据(Cheryan and Bodenhausen,2000)。根据自我概念、社会认同等理论,Karl Aquino、Americus Reed II(2002)系统研究提出道德身份认同的概念、内涵并开发相关量表,他们研究提出了道德身份认同、道德认知,以及道德行为之间具有显著正向关系。Americus Reed II、Karl Aquino 和 Eric Levy(2007)根据 Erikson(1964)关于心理认同理论的研究,将道德认同分为两个维度:一是内化的道德身份认同,即内化的道德品质深深根植于个人观念中可以引导个人的态度及行为,该研究提出内化的道德身份认同可以作为道德行为的中介变量,其对道德行为的预测力比外显的道德身份认同更强。二是外显的道德身份认同,即道德品质通过社会压力的方式传导到个人行为,对消费者的道德消费行为存在一定的调节作用。

本书引入道德身份认同概念应用到员工行为的预测中,且证明了员工"内化的道德身份认同"在企业对员工软责任与组织公民行为之间会起到显著的中介作用,而外显的道德身份认同仅在软责任与责任意识一个维度上具有显著的调节作用。

其一,本书发现企业对员工的软责任会正向影响员工内化的道德身份认同。本研究所提出的软责任维度本身就体现了企业在道德层面的追求,具有一定的道德属性,因此能够对员工的道德行为产生积极影响。Americus Reed II 和 Karl Aquino(2002,2007)研究认为,道德意识、道德认同会引发道德行为。本研究也证实了企业的道德行为,会产生员工的道德认同,进而引发员工道德行为,也就是组织公民行为。然而硬责任本身是企业对员工的应尽之责,并非是超越一般的道德责任,所以对员工内化的道德身份认同的影响并不显著也就在情理之中了。

其二,本书发现员工内化的道德认同对员工组织公民行为的预测力显著,且在企业对员工软责任与员工组织公民行为之间的关系中起到显著的部分中介作用。员工内化的道德认同对企业认同、利他主义行为与责任意识的路径系数分别是 0.622(t=12.421)、0.641(t=12.421)和 0.618(t=12.329),均达到了显著性水平。企业对员工软责任与员工组织公民行为中的企业认同总效应是 0.4842(t=7.3613),间接效应是 0.1817(t=4.2594);对员工利他主义行为的总效应是 0.4156(t=5.8479),间接效应是 0.1955(t=4.2596);对员工责任意识的总效应是 0.5073(t=7.8334),间接效应是 0.1768(t=4.2636),起到了显著的中介作用。

另外,本书发现员工外显的道德身份认同只在企业的员工软责任与责任意识这一个维度上起到了调节作用,而不是对组织公民行为整体起到了调节作用。这与 Americus Reed II、Karl Aquino 和 Eric Levy(2007)对消费者的研究有所不同。这有可能与中国文化中的"含蓄"因素有关。中国人的传统文化中强调"知行合一",个体所表现出的行为就是个人所思所想的,大多数人并不会为了博得更多的认可,而"假装"自己有道德,即使是"假装"的道德意识,也不会真正对道德行为产生较显著的影响。

(四)国有企业、民营企业、外资企业的员工社会责任-消费者响应比较

本书将企业对员工的社会责任分为硬责任、软责任,并分别考量了不同企业类型的软、硬责任与消费者购买意愿、推荐意愿之间的关系。在硬

责任维度上,外资企业的消费者推荐意愿显著高于国有企业、民营企业。在软责任维度上,民营企业在消费者购买意愿、推荐意愿的响应方面高于外资企业、国有企业,但是并未达到显著水平。这能在一定程度上说明消费者会因为企业性质不同,而对履行软责任较好的民营企业做出更高的响应。

由此可见,民营企业在履行员工社会责任方面取得了长足进步。中国民营企业的发展大致可以分为三个阶段:[①]首先是在改革开放初期,大多数民营企业在承担对员工的社会责任方面呈现随意性和偶发性的特征。其次是 20 世纪 90 年代,民营企业逐步建立起满足员工需求、履行好员工责任的意识。到了 21 世纪,民营企业在经过了二十多年的洗礼之后,经济实力不断增强,承担员工社会责任的能力不断提升,有的企业对员工的关怀(如腾讯、阿里巴巴、百度等 IT 科技类公司)已经成为各类企业的学习榜样。由此可见,优秀的民营企业承担社会责任的意识越来越强,承担的具体内容越来越多,承担责任的能力越来越强。

当然,国有企业作为共和国长子,从诞生之日起,就承担了很多企业社会责任,尤其是在对员工责任方面表现良好,从最初的"企业办社会"到现在"社会责任战略"融入科学管理中,可以说"责任"一直伴随着国有企业的成长过程。且在中国社科院近年来连续出版的《企业社会责任蓝皮书》的研究分析中,国有企业在员工社会责任方面的指标披露情况好于民营企业、外资企业。[②]按照社会交换理论的一般常识,我们会推断消费者对国有企业的响应程度理应比民营企业、外资企业更高。但是本书的研究结论并非如此。这也在一定程度上验证了在我国经济文化背景下,消费者的

---

① 杜莹、刘珊珊:《中国民营企业对员工社会责任的缺失及对策》,《经济与管理》2012 年第 3 期。
② 来自中国社科院官网《报告精读:中国企业社会责任研究报告(2015)》,http://www.cssn.cn/zk/zk_zkbg/201511/t20151102_2554823_2.shtml。

动机归因不再像传统观点认为得那样简单，仅仅将企业从事社会责任的动机归因为利己主义动机或利他主义动机，而是对企业的社会责任行为有复杂多样的反应（Mohr et al.,2001；Ellen et al.,2006；Vlachos et al.,2009；Vlachos et al.,2010；刘凤军和李敬强,2011）。

通过分析,本书认为出现民营企业员工责任–消费者响应强于外资企业强于国有企业这一现象可能有以下原因：一是从技术层面来看,存在样本选择的问题。民营企业规模偏小、数量众多,而本书中的抽样有一定的局限性——民营企业仅为 57 家,数量还是偏少,存在一定的偏差。二是从国有企业的特殊性来看，国有企业由于历史原因比其他企业多承担者两方面的负担：战略性政策负担和社会性政策负担（林毅夫等,2004）,承担了一些企业所不应当承担的社会职能；而且国有企业在社会责任方面"做的多,说得少"。因此,这些虽然都是国有企业需要承担的员工社会责任,但是未能有效地传导到消费者,从而形成良好的响应机制。三是从此次调研的行业性质来看,国有企业所处的行业在资源上一般处于垄断地位,尤其是与消费者生活相关的石油、电力、通信等行业,因此消费者的选择余地并不大,所以在消费者响应方面并没有显著的调节作用。四是,正如前文所言,消费者对企业的响应机制是受综合作用交互影响的,机理复杂,并不是仅仅通过员工的组织公民行为就能完全传导的。员工与消费者的关系交互行为可能还会受企业制度、规范、管理流程等多重因素的影响,限制了员工积极性、主动性的,所以才出现了消费者对国有企业的评价低于其他所有制类型企业的现象。

二、理论贡献与创新

本书基于社会交换理论和心理契约理论，分析了企业承担员工社会责任与消费者响应之间复杂的内在传导作用机理。研究结论拓展和深化了企业承担员工社会责任，以及利益相关方视角下的企业社会责任的触发机制、传导机制等，丰富了中国情境下员工、消费者个人道德因素对社会责任感知的影响机理研究，深入比较分析了国有企业、民营企业、外资企业在承担员工社会责任方面的不同表现，以及对比了消费者响应的不同强度。总之，本书对于弥补企业承担员工社会责任与消费者外在产出的跨层研究"缺口"具有重要意义，这些理论贡献恰是本书的创新之处。

第一，界定了市场营销视角下我国企业承担员工社会责任的内涵与维度，完善了中国情境下的相应测量量表，充实了企业社会责任的相关理论。

有关企业社会责任的已有概念和测量中，无论是最初的 CSR1，还是CSR2，以及 CSP（Wartick and Cochran，1985；Carroll，1991；Wood，1991；Clarkson，1995；Jones，1995），在概念和测量上不能超类别、超时空的层面上去考察企业从事各个社会责任活动的真实属性与内在本质，并构建每一个层面一般性、普适性的企业社会责任概念、内涵与维度。一般意义上，CSR1更多的是一种哲学思辨和原则思想，主要讨论企业是否应该承担（whether）以及承担什么样的社会责任，因此它本身并不是一个变量，很难进行测量。而 CSR1 为 CSR2 原则思想提供行动对位，但它没有创立明确的基于价值观的响应哲学（Vallentin，2009），本质上是一种管理论调和管理方法，更多地考虑企业怎样、用什么手段，以及按照哪些操作原则（Frederick，1994）。虽然 CSP 将企业社会责任转化为可测量的变量，但测量难度较大，同时，也未能对员工责任、股东责任、消费者责任等各个层面的具体指标进行深入研究，分别开发测量量表、并科学划分其维度。因此，导致了现有的企业社会责任与消费者响应的研究都浮在面上，研究"大而全"，没有深入地研究每一层次、每一维度的社会责任对消费者响应究竟有何影响,传导机制有何不同。

本书的结论对解决上述理论问题做出了初步努力。本书选取了企业对员工内部社会责任这一具体的研究领域,深入考量了企业对员工社会责任的内涵与维度,提供了中国情景下的实证研究支持。同时,建立了从企业承担内部员工社会责任到消费者外部响应之间的传导机制模型,这是对以往研究的进一步深化,体现出"小而精"的特点。可以说,本书的研究是对社会责任理论的进一步细化与充实,为中国情境下研究企业员工社会责任提供了可借鉴的测量工具。

第二,基于社会交换理论和心理契约理论构建了从企业承担内部员工社会责任到组织公民行为,再到外部消费者响应的跨层传导机制的整体研究框架,弥补了从内部责任到外部响应跨层研究的"缺口"。

从企业承担员工责任的视角出发,重点关注组织公民行为在员工责任与消费者响应之间的跨层中介机制,从而更清晰地解释为什么企业承担好员工责任可以有效促进消费者购买,提高企业经营效益的复杂作用路径。

为解释组织公民行为产生的原因,许多学者从心理契约理论提出了组织公民行为产生的前置因素,例如员工满意感、组织支持感、组织公平、组织氛围等(Organ et al.,1983,1995;Becker,1992;Morrison,1994;Carson and Caeson,1998),会使员工产生与组织之间的心理契约,从而形成组织公民行为。同时也有很多学者提出企业社会责任与员工组织公民行为正相关(何显富等,2011;王文彬、刘凤军、李辉,2012)。但是很少有研究就企业对员工社会责任这一具体领域,深入研究对组织公民行为所产生的影响。

组织公民行为在营销学领域的主要研究有:组织公民行为会产生良好的顾客响应(Moorman,1995;Van Dyne,2004),正向影响顾客满意(江晓东、高维和,2011;Yoon and Suh,2003),促进产生良好的关系绩效与组织绩效（Podsakoff and Mackenzie，1994）等。

但是学术界还没有直接将企业内部对员工的社会责任与外部消费者响应联系起来的理论研究构架，这样就很难对企业员工社会责任对外传导的整体作用机制给出合乎逻辑的解释，所以也就很难对消费者会不会做出反应，为什么会做出反应给出令人信服的答案。

而本书的研究恰恰弥补了这一空白。本书引入组织公民行为，作为企业对员工社会责任与其外在产出——消费者响应之间的跨层次中介变量，中介效应显著的结果说明这一传导机制确实存在于内部到外部的复杂机制之中。可以说，员工的组织公民行为有效传导了企业内部员工社会责任与消费者的响应，这为理解消费者为什么会有效响应企业社会责任提供了非常重要的理论解释，弥补了内部企业社会责任与外部消费者外在产出之间的"缺口"，提供了更为全面清晰的理论视角与研究构架，也丰富和充实了企业社会责任的相关理论。

第三，基于道德身份认同的概念与构成，验证了员工的内在道德认同与组织公民行为之间存在部分中介作用，外显道德认同对员工责任意识调节作用，初步阐明了个体道德认同导致行为变化的内在机理，拓展了中国情境下的道德认同理论。

考虑到已有研究很少考虑道德认同这一心理反应对个体行为的影响，本书以此作为重要创新点，深度解析员工层面的个体道德认同对其行为变化的影响路径，以求在理论上还原个体行为变化的内在原因与真实轨迹。

菲利普·津巴多（2008）在《影响力心理学》中的观点：影响者对目标的影响具有三个维度，态度、行为和认同。据此，本书引入了道德身份认同变量，结合社会认同理论的基本内容，分别考察了员工道德身份认同、消费者道德身份认同的不同作用，并在已有量表的基础上构建了中国情境下的量表,为衡量道德身份认同提供了工具。

道德行为(moral behavior)源于个体的社会性道德认知,以及回应他人需求的意愿(Gilligan 1982;Kohlberg 1969;Rest 1979),因此道德身份认同无论对于组织行为的研究还是消费者行为的心理研究都是至关重要的。本书证明了员工内化的道德身份认同在员工软责任与组织公民行为中起到了中介作用,外显的道德认同对责任意识具有显著的调节作用,这为组织公民行为产生机理提供了一个新的理论解释,对于认识员工道德认同的作用具有非常重要的意义。

第四,研究方法上采用了跨层次数据收集与研究方法,减少了测量误差,更加科学地探寻由企业内到企业外完整复杂的传导机理。

通过对文献研究的整理发现,大多数企业社会责任、组织公民行为与社会责任、消费者对社会责任的响应方面的研究都采用了同源数据分析,且都停留在单一层面,或者是个体层面的,或者是企业整体感知的,这些研究方法不可避免地会存在测量误差。

本书涉及企业内部员工社会责任与企业外部消费者响应之间的互动传导机制,为了更加科学的探寻这一过程,我们在统计方法上创新地采用了跨层次分析的研究方法,这在一定程度上打破了过去研究停留在单一层面的局限性,较好地规避了单一层次研究可能导致的对多层次作用关系的错误认识(吕均城等,2007)。因此,本书采用跨层次分析技术,考察了消费者个体对企业整体反应的作用机制,在一定程度上突破了原有的研究局限,有助于形成对这一复杂机制的科学全面的认识,对未来研究提供了重要基础。

三、管理启示与政策建议

随着我国市场经济的发展与不断完善,社会责任,尤其是企业对员工的社会责任,在员工–企业、员工–消费者、消费者–企业联系之间的作用将越来越大。面对激烈的市场竞争,企业要想实现自身的目标和价值,首先必须整合优秀资源尤其是人力资源,只有优秀的人才才能够提升企业的创新能力和核心竞争力。这也正是本书的基本内容,企业对员工的社会责任是企业众多责任中最基础、最重要的内容,是维持企业正常经营活动的基础,也是对外传导企业价值的桥梁与纽带。因此,本书的研究有利于指导企业可持续发展的管理实践。

(一)建立科学完善的企业对员工社会责任管理体系

本书提出,企业对员工的社会责任可以分为"硬责任""软责任"两个维度。硬责任虽然可以满足员工最基本的需求,但是该维度对激发员工的组织公民行为并没有显著的正向影响。而软责任的良好表现,会激发员工表现出更好的组织公民行为,得到员工对企业的认同,从而持续表现出组织公民行为来回报企业。

中国传统文化中的"士为知己者死",说的也是这个道理,员工只有感受到企业对自己超越基本需求的"软责任",才会"滴水之恩,涌泉相报",表现出更好的组织公民行为,努力工作,积极投身到企业组织目标的实践中去。

(二)重视企业社会责任的战略方向选择

现代社会强调以人为本,强调人的全面发展,以及企业与社会的可持续发展，人们越来越关注人权、关注环境，可以说企业社会责任已经成为一种势不可挡的趋势。但是这并不意味着企业在任何时候、任何阶段、在任何情境下都要全面履行对股东、员工、消费者、社区、政府、媒体、慈善机构等的社会责任。责任，也可以分"轻重缓急"。

根据本书的结论，企业履行好对员工的责任，可以通过员工组织公民行为的影响机制，传导到消费者，从而影响消费者的购买决策，得到消费者的响应与认可。而消费者的满意，又可以拉动消费，增加企业收入，得到良好的业绩回报，尽好对股东的责任。可以说，企业履行好员工社会责任能够一举多得。因此，建议企业重视对员工社会责任的投入，根据消费者对企业社会责任的认知水平，尽可能将有限的社会责任资源向尽好"员工之责"倾斜。

（三）企业尽好员工之责是企业的可持续发展之路

现实中，依然有很多企业不愿意承担社会责任，总觉得又回到了过去企业办社会的时代，履行责任纯粹是成本，会影响企业短期绩效。但从本书的研究中可以看出，企业履行社会责任是成本，但是企业对员工的责任却不仅是一种成本，更是重要的投资方式和理念。负责任的企业形象，首先要从对员工负责做起，通过建立完整的员工责任体系，关爱员工生活，支持员工发展，从而塑造浓厚的社会责任氛围来影响员工、消费者等重要利益相关者，获得良好的企业声誉。通过心理契约的形成、认同机制、互惠机制等构建包括契约凝聚力、创新力以及感召力在内的企业软实力。

企业履行员工责任有很多方面，重要抓手就是让员工深刻认同企业的核心价值观，这样才有利于产生主人翁意识，自觉做出组织公民行为。这与中国传统文化中"志同道合"的理念是一致的。员工、企业凝心聚力，才能更多地赢得消费者认可，促进企业实现良好的长期绩效，最终实现可持续发展。

（四）充分发挥道德氛围的引导作用

本研究证明,道德认同无论对员工、还是消费者而言,都会促使其做出"善行"。然而我们很难去重塑一个人的道德价值观,但是可以通过引导道德氛围,从而形成对个体行为的正面影响。道德氛围是道德主体依据社会共同的道德规范和价值标准引导道德行为而形成的风气,有利于实现对自身或他人行为的约束与制约的软性社会控制。[①]道德氛围的引导主要包括两个方面:一方面是利用外在的社会舆论,外在舆论的压力有利于让企业进一步重视履行对员工的社会责任,促进社会和谐;另一方面是组织内部的氛围创造,良好的企业文化、道德氛围同样会对员工对企业起到制约作用,有利于员工表现出更多的组织公民行为,从而将企业对员工的"责任投入"有效传导给消费者。

四、研究局限与未来展望

关于企业承担员工社会责任与消费者响应研究尚处于起步阶段,在理论与实践上都还存在很多重要的问题需要进一步澄清。本书基于社会交换理论、心理契约理论提出新的企业承担员工社会责任的划分维度,并引入组织公民行为作为重要的跨层中介变量,探索研究了 OCB 在企业承担员工社会责任–消费者响应之间的作用机制,所提的理论构想取得了一定的研究成果,但是就这一传导过程复杂的现象而言,还有很多问题需要在未来的研究中进一步加以探讨和完善。

---

① 孙胜:《论道德舆论》,《湖南教育学院学报》2001 年第 5 期。

(一)企业对员工社会责任的维度与测量量表可进一步完善

企业承担员工社会责任,一直以来都作为社会责任研究的一个部分,将其单独拿出来深入探讨和分析的文献非常少。本书的研究借鉴了国外员工责任的划分维度,同时结合了中国情境下的相关量表,并根据实际情况进行了相应的调整和补充,初步形成了企业承担员工社会责任的两个维度划分,以及开发了相应的量表。但就员工社会责任管理中的广泛内容而言,再考虑到中国企业在重视员工责任方面的进步与不断发展,该量表本身可能还具有进一步优化的空间。

首先,本书提出了硬责任、软责任、道德责任三个维度,这三个维度以及其中的内容是否能够全面真实地概括出企业对员工的社会责任,还需要通过更广泛的调研与数据支撑进行验证。

其次,本书在小样本验证过程中研究发现在中国情境下,软责任与道德责任"合二为一",那么这两个责任维度在中国情境下为何会合并,是否可以将其分开等,都可以作为未来的研究和改善方向之一。

最后,由于研究精力和研究主题的限制,本书仅仅对员工社会责任概念及文献进行了研究,对人力资源领域关于员工责任、员工心理契约等方面的文献涉入较浅,这些概念在本质上有何区别与联系,研究得还不够深入,这也可以作为未来的一个研究方向。

(二)研究样本的企业类型应进一步优化

本书采用了跨层次研究的方法,虽然相较以前单一层面的研究有所改进,数据调研也通过区分数据来源的方式有效避免了同源数据的问题,但样本的选择还是存在一定改进空间。

首先,区域的限制,鉴于时间与精力的限制,本书样本的收集基本来自经济较为发达的北京市、上海市以及一些沿海经济比较发达的青岛市和广州市。由于我国的二元经济特点,经济落后地区和经济发达地区之间、城乡之间的公众社会责任意识的差异性十分明显(鞠芳辉等,2005)。因此,后续研究可扩大样本的区域范围,来验证量表和模型的普适性。

其次,行业类型的限制,本书在调查目标企业时,大多数都是针对服务业企业,但是也有部分中央企业的一线营销人员不直接面对消费者,如国家电网、南方电网等;还有一部分中央企业的销售业务属于大宗商品销售,例如中钢集团等,这些企业是否适用于本研究的传导模型,尚需进一步验证。因此,未来的研究可以通过改变研究对象进一步完善本书的理论假设并强化本书的解释逻辑。未来研究方向就是进行分行业的细化研究。

最后,数据收集是在某一时点分别由员工、消费者一人填写,在消费者填写问卷时可能会受到与该员工接触时的近因效应、晕轮效应等影响,难以准确客观地评价消费者对企业整体的社会责任响应。同时,也难以考察反映企业承担员工社会责任的动态变化引起的消费者心理变化及外在产出的改变,所以横截面数据在变量因果关系的检验上存在一定的局限性。因此,后续可以开展跨时期的动态研究,这也是未来研究的方向之一。

(三)本书模型有待进一步优化充实

本书以社会心理学中的社会交换理论和心理契约理论为基础,研究了企业承担员工社会责任与消费者响应之间的作用机制,为此,本书引入了员工的组织公民行为作为跨层中介变量,揭示了社会责任从内部传导到外部的基本路径。未来研究中,可以考虑对现有研究模型进行进一步细化和拓展,消费者层面可以加强对消费者个人层面的研究(Vlachos et al.,2009;Vlachos et al.,2010;刘凤军和李敬强,2011)。企业层面的研究也可以进一步深化。由于本书验证了员工组织公民行为在员工责任–消费者响应之间存在部分中介作用，那么还有没有其他的作用机制在这一传导过程中存在中介或调节作用？这也可以作为一个未来的研究方向。

　　当然在一本书中把所有的关系全部进行研究几乎是无法完成的任务，希望未来的研究可以分层次、分步骤、分对象地将企业承担员工社会责任内在作用到消费者感知、消费者响应的机制研究得更加清晰。

参考文献

1. 中文文献

[1]陈宏辉和贾生华,企业社会责任观的演进与发展:基于综合性社会契约的理解,中国工业经济,12,2003,85–92.

[2]陈加洲,员工心理契约的作用模式与管理对策,人民出版社,2007.

[3]陈加洲,凌文辁和方俐洛,组织中的心理契约,管理科学学报,2,2001,74–78.

[4]陈加洲,凌文辁和方俐洛,心理契约的内容、维度和类型,心理科学进展,7,2003,437–445.

[5]陈爽英,井润田和刘德山,企业战略性社会责任过程机制的案例研究——以四川宏达集团为例,管理案例研究与评论,5(3),2012,146–156.

[6]陈玉清和马丽丽,我国上市公司社会责任会计信息市场反应实证分析,会计研究,11,2005,76–81.

[7]杜苇,徐继开和刘晓黎,和谐社会下的企业社会责任研究,山西高

等学校社会科学学报,9,2010,62-63.

　　[8]范秀成,基于顾客的品牌权益测评:品牌联想结构分析法,南开管理评论,6,2000,9-13.

　　[9]范秀成,品牌权益及其测评体系分析,南开管理评论,1,2000,9-15.

　　[10]费显政,李陈微和周舒华,一损俱损还是因祸得福?——企业社会责任声誉溢出效应研究,管理世界,4,2010,74-82.

　　[11]方杰,张敏强和邱皓政,基于阶层线性理论的多层级中介效应,心理科学进展,08,2010,1329-1338.

　　[12]风笑天,社会学研究方法(第三版),北京,中国人民大学出版社,2009.

　　[13]顾浩东和宋亦平,道德的理性或直觉:消费者对于企业社会责任行为的反应过程研究,营销科学学报,5(4),2009,17-35.

　　[14]郭志刚,社会统计分析方法:Spss 软件应用,中国人民大学出版社,北京,1999.

　　[15]何朝晖和黄维民,企业社会责任承担态势演化的经济博弈分析——基于企业之间的学习行为的研究,系统工程,8,2009,118-120.

　　[16]何佳讯,中外企业的品牌资产差异及管理建议——基于CBRQ量表的实证研究,中国工业经济,8,2006,109-116.

　　[17]何佳讯和卢泰宏,中国文化背景中的消费者——品牌关系:理论建构与实证研究,营销科学学报,3(3),2007,1-12.

　　[18]何显富和陈宇等,企业履行对员工的社会责任影响员工组织公民行为的实证研究——基于社会交换理论的分析,社会科学研究,5,2011,115-119.

　　[19]何显富,蒲云,朱玉霞和唐春勇,中国情境下企业社会责任量表的修正与信效度检验,软科学,12,2010,105-110.

　　[20]何显富,陈宇和张微微,企业履行对员工的社会责任影响员工组

织公民行为的实证研究——基于社会交换理论的分析,社会科学研究,9,2011,115-119.

[21] 何志毅和赵占波,品牌资产评估的公共因子分析,财经科学,1,2005,75-80.

[22]侯杰泰,温忠麟和成子娟,结构方程模型及其应用,北京,教育科学出版社,2004.

[23]侯仕军,企业社会责任管理的一个整合性框架,经济管理,31(3),2009,153-158.

[24]黄铁鹰,海底捞你学不会,北京,中信出版社,2011.

[25]黄炽森,组织行为与人力资源研究方法入门,北京,中国财政经济出版社,2006.

[26]黄芳铭,结构方程模型理论与应用,北京,中国税务出版社,2005.

[27]黄敏学,李小玲和朱华伟,"企业被逼捐"现象的剖析:是大众无理"还是企业无良"?,管理世界,10,2008,115-126.

[28]黄群慧,彭华岗,钟宏武和张蒽,中国100强企业社会责任发展状况评价,中国工业经济,10,2009,23-35.

[29]江晓东,高维和,管理教练、权变奖励、组织公民行为与B2B顾客满意,上海管理科学,33(5),2011,56-61.

[30]姜启军和贺卫,SA8000认证与中国企业发展,中国工业经济,10,2004,44-51.

[31]姜岩和董大海,品牌依恋的概念架构及其理论发展,心理科学进展,4,2008,606-617.

[32]金碚和李钢,企业社会责任公众调查的初步报告,经济管理,3,2006,13-16.

[33]金立印,企业社会责任运动测评指标体系实证研究——消费者

视角,中国工业经济,6,2006,114-120.

[34]鞠芳辉,谢子远和宝贡敏,企业社会责任的实现——基于消费者选择的分析,中国工业经济,9,2005,91-98.

[35]寇小萱,关于重视营销道德问题研究的系统思考,南开管理评论,1,1999,50-55.

[36]李辉和刘凤军,消费者视角下企业社会责任:实践表征与理论进展,科学决策,02,2014,78-94.

[37]李海芹和张子刚,消费者对企业社会责任认知的实证研究,企业经济,12,2009.

[38]李海芹和张子刚,CSR对企业声誉及顾客忠诚影响的实证研究,南开管理评论,1,2010,90-98.

[39]李敬强和刘凤军,企业慈善捐赠对市场影响的实证研究——以"5·12"地震慈善捐赠为例,中国软科学,6,2010,160-166.

[40]李伟阳和肖红军,全面社会责任管理:新的企业管理模式,中国工业经济,1,2010,114-123.

[41]李祥进,杨东宁和雷明,企业社会责任行为对员工工作绩效影响的跨层分析,经济科学,5,2012,104-118.

[42]李艳春,论社会交换的概念与形式,求索,2014,126-130.

[43]李正,企业社会责任与企业价值的相关性研究——来自沪市上市公司的经验证据,中国工业经济,2,2006.

[44]林泉,邓朝晖和朱彩荣,国有与民营企业使命陈述的对比研究,管理世界,9,2010,116-122.

[45]林毅夫和李志赟,政策性负担、道德风险与预算软约束,经济研究,2,2004,17-27.

[46]林毅夫,刘明兴和章奇,政策性负担与企业的预算软约束:来自

中国的实证研究,管理世界,8,2004,81-89.

[47]林震岩,多变量分析Spss的操作与应用,北京,北京大学出版社,2007.

[48]刘凤军,试论品牌资产及其增值,经济理论与经济管理,12,2003,41-45.

[49]刘凤军和E. Yin,论企业承担社会责任的四个结合,经济研究参考,30,2007,4-8.

[50]刘凤军和李敬强,消费者感知的企业体育赞助动机与购买意愿关系的实证研究,营销科学学报,7(2),2011,67-80.

[51]刘凤军和李敬强,企业社会责任品牌影响力,北京,经济科学出版社,2012.

[52]刘凤军,李敬强和李辉,企业社会责任与品牌影响力关系的实证研究,01,2012,116-132.

[53]刘凤军和王鏐莹,品牌形象对顾客品牌态度的影响研究,科学决策,1,2009,67-74.

[54]刘军,管理研究方法:原理与应用,北京,中国人民大学出版社,2008.

[55]刘军,一般化互惠:测量、动力及方法论意涵,社会学研究,1,2007,99-113.

[56]刘文纲,梁征伟和唐立军,我国零售企业社会责任指标体系的构建,北京工商大学学报(社会科学版),1,2010,11-17.

[57]刘一平,组织承诺影响因素比较研究,管理科学,4,2003.

[58]卢东和寇燕,基于消费者视角的企业社会责任综合解析,软科学,3,2009,99-103.

[59]卢东,S. Powpaka和李雁晨,基于意义建构理论的企业社会责任

沟通策略研究综述,外国经济与管理,6,2009.

[60]卢泰宏,品牌资产评估的模型与方法,中山大学学报(社会科学版),3,2002.

[61]卢纹岱,SPSS For Windows 统计分析,北京,电子工业出版社,2002.

[62]卢长宝,匹配与体育赞助事件的选择:基于品牌资产的实证研究,体育科学,29(8),2009,82-89.

[63]鲁兴启和王琴,管理科学研究方法的操作规则,中国软科学,11,2003,145-148.

[64]陆玉梅,陆海曙和刘素霞,民营企业承担员工社会责任的内生机制博弈分析,软科学,10,2014,39-46.

[65]罗海成和范秀成,基于心理契约的关系营销机制:服务业实证研究,南开管理评论,8(6),2005,48-55.

[66]罗秋明,论心理契约与组织公民行为的关系,湖南工业大学学报(社会科学版),4,2009.

[67]马庆国,管理统计:数据获取,统计原理,Spss 工具与应用研究,北京,科学出版社,2002.

[68]迈克尔·R.所罗门,卢泰宏和杨晓燕,消费者行为学(第8版·中国版),北京,中国人民大学出版社,2009.

[69]孟晓俊,肖作平和曲佳莉,企业社会责任信息披露与资本成本的互动关系——基于信息不对称视角的一个分析框架,会计研究,9,2010,25-29.

[70]欧阳润平和宁亚春,西方企业社会责任战略管理相关研究述评,湖南大学学报(社会科学版),2,2009,48-52.

[71]蒲国利,苏秦和庞顺可,组织公民行为与服务质量和关系质量关系研究,工业工程与管理,15(5),2010,97-104.

[72]钱蓉,慈善达人陈光标,中国外资,11,2010,64-65.

[73]邱皓政和林碧芳,结构方程模型的原理与应用,北京,中国轻工业出版社,2009.

[74]荣泰生,Amos与研究方法,重庆大学出版社,2009.

[75]沈洪涛,21世纪的公司社会责任思想主流——公司公民研究综述,外国经济与管理,8,2006,1-9.

[76]沈洪涛,公司社会责任与公司财务业绩关系研究,厦门大学,2005.

[77]沈洪涛和沈艺峰,公司社会责任思想——起源与演变,世纪出版集团,上海人民出版社,2007,148.

[78]沈洪涛和杨熠,公司社会责任信息披露的价值相关性研究——来自我国上市公司的经验证据,当代财经,3,2008,103-107.

[79]沈泽,基于消费者视角的企业社会责任对企业声誉的影响研究——三个行业的比较分析,学位论文,杭州,浙江大学,2006.

[80]沈占波和杜鹏,我国企业社会责任绩效评价体系的构建,改革与战略,5,2009,159-161.

[81]谭劲松,关于管理研究及其理论和方法的讨论,管理科学学报,2,2008,145-152.

[82]田雪莹,慈善捐赠行为与企业竞争优势:基于企业社会资本的视角,科学决策,1,2010,79-85.

[83]田祖海,美国现代企业社会责任理论的形成与发展,武汉理工大学学报(社会科学版),3,2005,346-350.

[84]万莉和罗怡芬,企业社会责任的均衡模型,中国工业经济,9,2006,117-124.

[85]王晶晶,杨洁珊和胡成宝,企业社会责任的研究现状及未来研究展望——基于Cssci来源期刊中经济学、管理学类期刊上文章的分析,管理评论,22(8),2010,96-102.

［86］王如晨和李潮文,富士康5天两次加薪,山东商报,B2,2010.

［87］王世权和李凯,企业社会责任解构:逻辑起点、概念模型与履约要义,外国经济与管理,31(6),2009,25-31.

［88］王淑红,基于心理契约基础上的顾客满意管理,中南财经政法大学学报,5,2005,124-128.

［89］王文和张文隆,企业可持续发展研究:基于企业社会责任的视角,科学学与科学技术管理,9,2009,154-157.

［90］王文彬,刘凤军,李辉,互惠理论视角下企业社会责任行为对组织公民行为的影响研究,当代经济管理,第34卷,第11期,2012,24-33.

［91］王晓东和谢莉娟,责任消费与企业社会责任的互动影响机制——理论回顾、逻辑比较及路径选择,商业经济与管理,10,2009,12-16.

［92］王新新和杨德锋,企业社会责任研究——Csr,Csr_2,Csp,工业技术经济,4,2007,16-20.

［93］王长征和寿志钢,西方品牌形象及其管理理论研究综述,外国经济与管理,12,2007,15-22.

［94］韦佳园和周祖城,消费者的CSR-CA观念及其对CSR与购买意向关系的影响研究,上海管理科学,2,2008,17-20.

［95］温素彬和方苑,企业社会责任与财务绩效关系的实证研究——利益相关者视角的面板数据分析,中国工业经济,10,2008,150-160.

［96］温忠麟,侯杰泰和马什赫伯特,结构方程模型检验:拟合指数与卡方准则,心理学报,36(2),2004,186-194.

［97］温忠麟,张雷,侯杰泰和刘红云,中介效应检验程序及其应用,心理学报,36(5),2004,614-620.

［98］吴明隆,结构方程模型——Amos的操作与应用,重庆,重庆大学出版社,2009.

[99]郗河,企业社会责任特征对员工组织承诺及组织公民行为作用机制研究,学位论文,杭州,浙江大学,2009.

[100]谢佩洪和周祖城,中国背景下CSR与消费者购买意向关系的实证研究,南开管理评论,12(1),2009,64-70.

[101]辛杰,基于消费者响应的企业社会责任研究综述,山东社会科学,05,2011,163-166.

[102]徐尚昆和杨汝岱,企业社会责任概念范畴的归纳性分析,中国工业经济,5,2007,71-79.

[103]徐尚昆和杨汝岱,中国企业社会责任及其对企业社会资本影响的实证研究,中国软科学,11,2009,119-128.

[104]阎俊和佘秋玲,社会责任消费行为量表研究,管理科学,2,2009,73-82.

[105]游士兵和黄柄南,企业捐赠行为对消费者购买意愿的影响研究,统计研究,11,2009,56-60.

[106]余建英和何旭宏,数据统计分析与 SPSS 应用,北京,人民邮电出版社,2003.

[107]俞力峰和丁少中,世界500强新榜单的八点启示,调查与研究,3,2015.

[108]袁凌和陈俊,感知义务对组织支持与组织公民行为的中介作用检验,统计与决策,6,2008.

[109]张莹瑞和佐斌,社会认同理论及其发展,心理科学进展,3,2006,475-480.

[110]赵红梅,组织公民行为与员工绩效关系研究,北京,知识产权出版社,2009.

[111]赵占波,品牌资产维度的探索性研究,管理科学,18(5),2005,

10-16.

[112]郑海东,企业社会责任行为表现:测量维度、影响因素及对企业绩效的影响,杭州,浙江大学,2007.

[113]郑建君,金盛华和马国义,组织创新气氛的测量及其在员工创新能力与创新绩效关系中的调节效应,心理学报,41(12),2009,1203-1214.

[114]郑若娟,西方企业社会责任理论研究进展——基于概念演进的视角,国外社会科学,2,2006,34-39.

[115]周浩和龙立荣,共同方法偏差的统计检验与控制方法,心理科学进展,6,2004,942-950.

[116]周延风,罗文恩和肖文建,企业社会责任行为与消费者响应——消费者个人特征和价格信号的调节,中国工业经济,3,2007,62-69.

[117]周祖城和张漪杰,企业社会责任相对水平与消费者购买意向关系的实证研究,中国工业经济,9,2007,111-118.

[118]周祖城和陈炳富,企业伦理对企业管理的影响,南开经济研究,1,1995,43-48.

[119]朱玲,文献研究的途径,经济研究,2,2006,116-119.

2. 外文文献

[120]Aaker, D. A., "Measuring Brand Equity Across Products and Markets", California Management Review, 38(3), 1996, 102-120.

[121]Aaker, D. A., Managing Brand Equity: Capitalizing On the Value of a Brand Name, Free Press New York, 1991.

[122]Aaker, D. A., "Leveraging the Corporate Brand", California Management Review, 46(3), 2004, 6-18.

[123]Abrams, F. W., "Management's Responsibilities in a Complex World", Harvard Business Review, 29(3), 1951, 29–34.

[124]Ackerman, R. W., "How Companies Respond to Social Demands", Harvard Business Review, 51(4), 1973, 88–98.

[125]Ackerman, R. W., The Social Challenge to Business, Cambridge, MA, Harvard University Press, 1975.

[126]Ackerman, R. W. and R. A. Bauer, Corporate Social Responsiveness: The Modern Dilemna, Reston, VA, Reston Pub. Co., 1976.

[127]Agarwal, M. K. and V. R. Rao, "An Empirical Comparison of Consumer-Based Measures of Brand Equity", Marketing Letters, 7(3), 1996, 237–247.

[128]Aguilera, R. V., D. E. Rupp, C. A. Williams and J. Ganapathi, "Putting the S Back in Corporate Social Responsibility: A Multilevel Theory of Social Change in Organizations", Academy of Management Review, 32(3), 2007, 836–863.

[129]Ahearne, M., C. B. Bhattacharya and T. Gruen, "Antecedents and Consequences of Customer – Company Identification: Expanding the Role of Relationship Marketing", Journal of Applied Psychology, 90(3), 2005, 574–585.

[130]Ahluwalia, R. and Z. Gurhan-Canli, "The Effects of Extensions On the Family Brand Name: An Accessibility-Diagnosticity Perspective.", Journal of Consumer Research, 27(3), 2000, 371–381.

[131]Anderson, J. C. and D. W. Gerbing, "Structural Equation Modeling in Practice: A Review and Recommended Two-Step Approach", Psychological Bulletin, 103(3), 1988, 411–423.

[132]Aquino, K. and I. I. A. Reed, "The Self-Importance of Moral Identity", Journal of Personality & Social Psychology, 83(6), 2002, 1423-1440.

[133]Aquino, K., D. Freeman, I. I. A. Reed, V. K. G. Lim and W. Feips, "Testing a Social-Cognitive Model of Moral Behavior: The Interactive Influence of Situations and Moral Identity Centrality", Journal of Personality & Social Psychology, 97(1), 2009, 123-141.

[134]Arumi, A. M., R. Wooden, J. Johnson, S. Farkas, A. Duffet and O. Amber, The Charitable Impulse: A Public Agenda Report, 2005.

[135]Ashforth, B. E. and F. Mael, "Social Identity Theory and the Organization", Academy of Management Review, 14(1), 1989, 20-39.

[136]Aulakh, P. S. and E. F. Gencturk, "International Principal-Agent Relationships: Control, Governance and Performance", Industrial Marketing Management, 29(6), 2000, 521-538.

[137]Aupperle, K. E., A. B. Carroll and J. D. Hatfield, "An Empirical Examination of the Relationship Between Corporate Social Responsibility and Profitability", Academy of Management Journal, 28(2), 1985, 446-463.

[138]Bagozzi, R. P. and U. M. Dholakia, "Antecedents and Purchase Consequences of Customer Participation in Small Group Brand Communities", International Journal of Research in Marketing, 23(1), 2006, 45-61.

[139]Bagozzi, R. P. and Y. Yi, "Multitrait-Multimethod Matrices in Consumer Research", Journal of Consumer Research, 1991, 426-439.

[140]Bagozzi, R. P. and Y. Yi, "On the Evaluation of Structural Equation Models", Journal of the academy of marketing science, 16(1), 1988, 74-94.

[141]Baker, M. J. and G. A. Churchill Jr, "The Impact of Physically

Attractive Models On Advertising Evaluations", Journal of Marketing Re - search, 14(4), 1977, 538-555.

[142]Balabanis, G., H. C. Phillips and J. Lyall, "Corporate Social Responsibility and Economic Performance in the Top British Companies: Are they Linked? ", European Business Review, 98(1), 1998, 25-44.

[143]Bansal, P., "Evolving Sustainably: A Longitudinal Study of Corporate Sustainable Development", Strategic Management Journal, 26(3), 2005, 197-218.

[144]Barich, H. and P. Kotler, "A Framework for Marketing Image Management", Sloan Management Review, 32(2), 1991, 94-104.

[145]Barnett, M. L., "Stakeholder Influence Capacity and the Variability of Financial Returns to Corporate Social Responsibility", Academy of Management Review, 32(3), 2007, 794-816.

[146]Baron, D. P., "Private Politics, Corporate Social Responsibility, and Integrated Strategy", Journal of Economics & Management Strategy, 10 (1), 2001, 7-45.

[147]Barone, M. J., A. D. Miyazaki and K. A. Taylor, "The Influence of Cause-Related Marketing On Consumer Choice: Does One Good Turn Deserve Another? ", Journal of the Academy of Marketing Science, 28(2), 2000, 248-262.

[148]Becker-Olsen, K. L. and R. P. Hill, "The Impact of Sponsor Fit On Brand Equity: The Case of Nonprofit Service Providers", Journal of Service Research, 9(1), 2006, 73-83.

[149]Becker-Olsen, K. L., B. A. Cudmore and R. P. Hill, "The Impact of Perceived Corporate Social Responsibility On Consumer Behavior", Journal

of Business Research,59(1),2006,46–53.

[150]Becker–Olsen,K. and C. J. Simmons, "When Do Social Sponsorships Enhance Or Dilute Equity? Fit,Message Source,and the Persistence of Effects",Advances in Consumer Research,29(1),2002,287–289.

[151]Bendapudi,N.,S. N. Singh and V. Bendapudi, "Enhancing Helping Behavior:An Integrative Framework for Promotion Planning",Journal of Marketing,1996,33–49.

[152]Bentler,P. M., "Comparative Fit Indexes in Structural Models", Psychological Bulletin,107(2),1990,238–246.

[153]Bentler,P. M., "Some Contributions to Efficient Statistics in Structural Models:Specification and Estimation of Moment Structures",Psychometrika,48(4),1983,493–517.

[154]Bentler,P. M. and C. P. Chou, "Practical Issues in Structural Modeling",Sociological Methods & Research,16(1),1987,78.

[155]Bentler,P. M. and D. G. Bonett, "Significance Tests and Goodness of Fit in the Analysis of Covariance Structures",Psychological Bulletin,88 (3),1980,588–606.

[156]Berens,G.,C. B. M. van Riel and G. H. van Bruggen, "Corporate Associations and Consumer Product Responses:The Moderating Role of Corporate Brand Dominance",Journal of Marketing,69(3),2005,35–48.

[157]Bergami,M. and R. P. Bagozzi, "Self–Categorization,Affective Commitment and Group Self–Esteem as Distinct Aspects of Social Identity in the Organization",British Journal of Social Psychology,39(4),2000,555–577.

[158]Berman,S. L.,A. C. Wicks,S. Kotha and T. M. Jones, "Does

Stakeholder Orientation Matter? The Relationship Between Stakeholder Management Models and Firm Financial Performance.", Academy of Management Journal, 42(5), 1999, 488-506.

[159]Beurden, P., "The Worth of Values –A Literature Review On the Relation Between Corporate Social and Financial Performance", Journal of Business Ethics, 82(2), 2008, 407-424.

[160]Bhattacharya, C. B. and S. Sen, "Doing Better at Dong Good: When, Why, and How Consumers Respond to Corporate Social Initiatives", California Management Review, 47(1), 2004, 9-24.

[161]Blancero, D., Ellram, L.. Strategic Supplier Partnering: A Psychological Contract Perspective. International Journal of Physical Distribution & Logistics Management, 27(9/10), 1997, 616-629.

[162]Bolton, L. E. and A. Reed Ii, "Sticky Priors: The Perseverance of Identity Effects On Judgment", Journal of Marketing Research, 41 (4), 2004, 397-410.

[163]Boulstrige E, Carrigan M., Do Consumers really care about corporate responsibility? Highliting the attitude –behaviour gap. Journal of Communication Management, 4(4), 2000, 355-368.

[164]Bowen, H. R., Social Responsibilities of the Businessman, New York, Harper and Borther, 1953.

[165]Brislin, R. W., "Translation and Content Analysis of Oral and Written Material", Handbook of cross-cultural psychology, 2, 1980, 389-444.

[166]Bronn, P. S. and A. B. Vrioni, "Corporate Social Responsibility and Cause-Related Marketing: An Overview", International Journal of Advertising, 20(2), 2001, 207-222.

［167］Brown, T. J. and P. A. Dacin, "The Company and the Product: Corporate Associations and Consumer Product Responses", Journal of Marketing, 61(1), 1997, 68-84.

［168］Buchanan, L., C. J. Simmons and B. A. Bickart, "Brand Equity Dilution: Retailer Display and Context Brand Effects", Journal of Marketing Research, 36(3), 1999, 345-355.

［169］Buil, I., L. D. Chernatony and E. Martinez, "A Cross-National Validation of the Consumer-Based Brand Equity Scale", Journal of Product & Brand Management, 17(6), 2008, 384-392.

［170］Buysse, K. and A. Verbeke, "Proactive Environmental Strategies: A Stakeholder Management Perspective", Strategic Management Journal, 24(5), 2003, 453-470.

［171］Campbell, D. T. and D. W. Fiske, "Convergent and Discriminant Validation by the Multitrait-Multimethod Matrix", Psychological Bulletin, 56(2), 1959, 81-105.

［172］Campbell, J. L., "Why would Corporations Behave in Socially Responsible Ways? An Institutional Theory of Corporate Social Responsibility", Academy of Management Review, 32(3), 2007, 946-967.

［173］Carroll, A. B., "A Three-Dimensional Conceptual Model of Corporate Performance", Academy of Management Review, 4(4), 1979, 497-505.

［174］Carroll, A. B., "The Pyramid of Corporate Social Responsibility: Toward the Moral Management of Organizational Stakeholders", Business Horizons, 34(4), 1991, 39-48.

［175］Carroll, A. B., "Social Issues in Management Research", Business & Society, 33(1), 1994, 58-81.

[176]Chris Mason and John Simmons, Forward looking or looking unaffordable? Utilising academic perspectives on corporate social responsibility to assess the factors influencing its adoption by business, Business Ethics: A European Review Volume 20 Number 2, 2011, 159-176.

[177]Clarkson, M. E., "A Stakeholder Framework for Analyzing and Evaluating Corporate Social Performance", Academy of Management Review, 20 (1), 1995, 92-117.

[178]Creyer, E. H. and W. T. Ross Jr, "The Influence of Firm Behavior On Purchase Intention: Do Consumers Really Care About Business Ethics? " Journal of Consumer Marketing, 14(6), 1997, 419-432.

[179]Cropanzano, R.& Mitchell, M.S., Social Exchange Theory, An Interdisciplinary Review. Journal of Management, 31(6), 2005, 874-900.

[180]Crosby, L. A. and S. L. Johnson, "Corporate Citizenship: It's the Brand", Marketing Management, 15(5), 2006, 12-13.

[181]Curren, M. T. and V. S. Folkes, "Attributional Influences On Consumers' Desires to Communicate About Products", Psychology and Marketing, 4(1), 1987, 31-45.

[182]De Bakker, F. G. A., P. Groenewegen and F. Den Hond, "A Bibliometric Analysis of 30 Years of Research and Theory On Corporate Social Responsibility and Corporate Social Performance", Business & Society, 44 (4), 2005, 375-376.

[183]Dean, D. H., "Consumer Perception of Corporate Donations Effects of Company Reputation for Social Responsibility and Type of Donation", Journal of Advertising, 32(4), 2003, 91-102.

[184]Dees, W., G. Bennett and M. Ferreira, "Personality Fit in Nascar:

An Evaluation of Driver-Sponsor Congruence and its Impact On Sponsorship Effectiveness Outcomes", Sport Marketing Quarterly, 19(1), 2010, 25.

[185]Drumwright, M. E., "Company Advertising with a Social Dimension: The Role of Noneconomic Criteria", Journal of Marketing, 60 (4), 1996, 71-87.

[186]Drumwright, M. E., "Socially Responsible Organizational Buying-Environmental Concern as a Noneconomic Buying Criterion", Journal of Marketing, 58(3), 1994, 1-19.

[187]Ellen, P. S., D. J. Webb and L. A. Mohr, "Building Corporate Associations: Consumer Attributions for Corporate Socially Responsible Programs", Journal of the Academy of Marketing Science, 34(2), 2006, 147-157.

[188]Farh, J.L. Earley P.C. &Lin, S.C., Impetus For Action: A Cultural Analysis of Justice and Organizationgal Citizenship Behavior in Chinese Society. Administrative Science Quarterly, 42, 1997, 421, 444.

[189]Farh, J.L., Zhong C. B., & Organ D.W., Organizational Citizenship Behavior in People's Republic of China, Organization Science 15, 2004.

[190]Folkes, V. S., "Recent Attribution Research in Consumer Behavior: A Review and New Directions", Journal of Consumer Research, 14 (4), 1988, 548-565.

[191]Fournier, S., "Consumers and their Brands: Developing Relationship Theory in Consumer Research", Journal of Consumer Research, 24 (4), 1998, 343-373.

[192]Franklin, D., "Just Good Business: A Special Report On Corporate Social Responsibility", The Economist, January(19), 2008, 3-6.

[193]Frederick, W. C., "From CSR1 to CSR2: The Maturing of Busi-

ness-and-Society Thought", Business & Society, 33(2), 1994, 150-164.

[194]Friedman, M., The Social Responsibility of Business is to Increase its Profits, 1962, September, 126

[195]Fry, F. L. and R. J. Hock, "Who Claims Corporate Responsibility? The Biggest and the Worst", Business and Society Review, 18, 1976, 62.

[196]Fryxell, G. E. and J. Wang, "The Fortune Corporate Reputation Index-Reputation for What", Journal of Management, 20(1), 1994, 1-14.

[197]Gao, Y. Q., "Corporate Social Responsibility and Consumers' Response: The Missing Linkage", Baltic Journal of Management, 4(3), 2009, 269-287.

[198]Gerstner, Charlotte R.; Day, David V., "Meta-Analytic review of leader-member exchange theory: Correlates and construct issues", Journal of Applied Psychology, Vol 82(6), Dec 1997, 827-844.

[199]Godfrey, P. C., "The Relationship Between Corporate Philanthropy and Shareholder Wealth: A Risk Management Perspective", Academy of Management Review, 30(4), 2005, 777-798.

[200]Godfrey, P. C., C. B. Merrill and J. M. Hansen, "The Relationship Between Corporate Social Responsibility and Shareholder Value: An Empirical Test of the Risk Management Hypothesis", Strategic Management Journal, 30 (4), 2009, 425-445.

[201]Goffman, E., "The Goffman Reader", Goffman, E.C. C. LemertA. Branaman, Self-Presentation, Oxford, Blackwell, 21-26, 1997.

[202]G. ssling, T. and C. Vocht, "Social Role Conceptions and Csr Policy Success", Journal of Business Ethics, 74(4), 2007, 363-372.

[203]Graeff, T. R., "Image Congruence Effects On Product Evaluations:

The Role of Self –Monitoring and Public/Private Consumption",Psychology and Marketing,13(5),1996,481–499.

[204]Greene,C. N. and D. W. Organ,"An Evaluation of Causal Models Linking the Received Role with Job Satisfaction",Administrative Science Quarterly,18(1),1973,95–103.

[205]Greening,D. W. and D. B. Turban,"Corporate Social Performance as a Competitive Advantage in Attracting a Quality Workforce",Business & Society,39(4),2000,379–396.

[206]Greenwood,M. R. and Simmons,J.A. "A stakeholder approach to ethical human resource management", Business and Professional Ethics Journal,22(3),2004,3–20.

[207]Greg W. Marshall,William C. Moncrief,Felicia G. Lassk,and C. David Shepherd,Lingking Performance Outcomes to Salesperson Organizational Citizenship Behavior in an Industrial Sales Setting,. Journal of Personal Selling & Sales Management,vol.XXXII,no.4,2012,491–501.

[208]Griffin,J. J. and J. F. Mahon,"The Corporate Social Performance and Corporate Financial Performance Debate:Twenty–Five Years of Incomparable Research",Business & Society,36(1),1997,32–72.

[209]Griffin,M.,B. Babin and J. Attaway, "Anticipation of Injurious Consumption Outcomes and its Impact On Consumer Attributions of Blame", Journal of the Academy of Marketing Science,24(4),1996,314–327.

[210]Gu,H. and P. D. Morrison, "Moral Identity and Consumer Csr Association",working Papers,2009,8.

[211]Heider,F.,The Psychology of Interpersonal Behavior,New York, Wiley,1958.

［212］Heider,F.,"Social Perception and Phenomenal Causality",Psy -chological Review,51(6),1944,358-374.

［213］Hiltrop J. M. The changing psychological contract:the human re-source challenge of the 1990s. European management journal,13,1995,286-294.

［214］Hinkin,T. R.,"A Brief Tutorial On the Development of Measures for Use in Survey Questionnaires",Organizational Research Methods,1(1),1998,104-121.

［215］Hitt,M. A.,D. Ahlstrom,M. T. Dacin,E. Levitas and L. Svobodina,"The Institutional Effects On Strategic Alliance Partner Selection in Transition Economies:China Vs. Russia",Organization Science,15(2),2004,173-185.

［216］Hogg,M. A.,"A Social Identity Theory of Leadership",Personality and Social Psychology Review,5(3),2001,184-200.

［217］Homburg,C.,J. Wieseke and W. D. Hoyer,"Social Identity and the Service-Profit Chain",Journal of Marketing,73(2),2009,38-54.

［218］Hong,J. W. and G. M. Zinkhan,"Self-Concept and Advertising Effectiveness:The Influence of Congruency,Conspicuousness,and Response Mode",Psychology and Marketing,12(1),1995,53-77.

［219］Hong,S. Y. and S. Yang,"Effects of Reputation,Relational Satis-faction,and Customer-Company Identification On Positive Word-of-Mouth Intentions",Journal of Public Relations Research,21(4),2009,381-403.

［220］Hu,L. and P. M. Bentler,"Fit Indices in Covariance Structure Modeling:Sensitivity to Underparameterized Model Misspecification",Psychological Methods,3(4),1998,424-453.

[221]Jamali,D. and Y. Sidani, "Classical Vs. Modern Managerial Csr Perspectives:Insights From Lebanese Context and Cross −Cultural Implications",Business and Society Review,113(3),2008,329–346.

[222]Jawahar I.M.,and McLaughlin,Gary L.,Toward a Descriptive Stakeholder Theory:An Organizational Life Cycle Approach",Academy of Management Review,Vol.26,2001,398

[223]Jenny,D. and L. Stewart, "Csr in Stakeholder Expectations:And their Implication for Company Strategy",Journal of Business Ethics,44(2/3), 2003,185.

[224]Jensen,Michael C.,Value Maximization, "Stakeholder Thoery and the Corporate Objective Function",Unfolding Stakeholder Thinking,Greenleaf Publishing Limited,2002,77.

[225]Jones,E. E. and K. E. Davis, "From Acts to Dispositions:The Attribution Process in Social Psychology",Advances in experimental social psychology,2,1965,219–266.

[226]Jones,T. M., "Instrumental Stakeholder Theory:A Synthesis of Ethics and Economics",Academy of Management Review,20(2),1995,404– 437.

[227]Jones,T. M., "An Integrating Framework for Research in Business and Society:A Step Toward the Elusive Paradigm? ",Academy of Management Review,8(4),1983,559–564.

[228]Jones,T. M. and A. C. Wicks, "Convergent Stakeholder Theory", Academy of Management Review,24(2),1999,206–221.

[229]Karambayya,R. Good Organizational Citizens do Make a Difference. Proceedings of the Administrative Sciences Association of Canada,

Whistler, British Columbia, 1990, 110, 119.

[230]Katz, D. & Kahn, R., The social Psychology of Organization. New York: Wiley, 1966.

[231]Keaveney, S. M. and J. E. Nelson, "Coping with Organizational Role Stress: Intrinsic Motivational Orientation, Perceived Role Benefits, and Psychological Withdrawal", Journal of the Academy of Marketing Science, 21 (2), 1993, 113–124.

[232]Klein, J. and N. Dawar, "Corporate Social Responsibility and Consumers' Attributions and Brand Evaluations in a Product–Harm Crisis", International Journal of Research in Marketing, 21(3), 2004, 203–217.

[233]Kotler, P. and S. J. Levy, "Broadening the Concept of Marketing", Journal of Marketing, 33(1), 1969, 10–15.

[234]Lafferty, B. A., "The Relevance of Fit in a Cause–Brand Alliance When Consumers Evaluate Corporate Credibility", Journal of Business Research, 60(5), 2007, 447–453.

[235]Lee, M. D. P., "A Review of the Theories of Corporate Social Responsibility: Its Evolutionary Path and the Road Ahead", International Journal of Management Reviews, 10(1), 2008, 53–73.

[236]Lichtenstein, D. R., M. E. Drumwright and B. M. Braig, "The Effect of Corporate Social Responsibility On Customer Donations to Corporate–Supported Nonprofits", Journal of Marketing, 68(4), 2004, 16–32.

[237]Lichtenstein, D. R., R. G. Netemeyer and J. G. Maxham Iii, "The Relationship Between Manager–, Employee–, And Customer–Company Identification: Implications for Retail Store Financial Performance", Journal of Retailing, 86(1), 2010, 85–93.

[238]Linda D. Molm, Gretchen Peterson, Nobuyuki Takahashi, Power in Negotiated and Reciprocal Exchange, American Sociological Review, Vol.64, No.6, 876-890.

[239]Luedicke, M. K., C. J. Thompson and M. Giesler, "Consumer Identity Work as Moral Protagonism: How Myth and Ideology Animate a Brand-Mediated Moral Conflict", Journal of Consumer Research, 36(6), 2010, 1016-1032.

[240]Luo, X. and C. B. Bhattacharya, "The Debate Over Doing Good: Corporate Social Performance, Strategic Marketing Levers, and Firm-Idiosyncratic Risk", Journal of Marketing, 73(6), 2009, 198-213.

[241]Lusch, R. F., Brown, J. R.. Interdependency, Contracting, and Relational Behavior in Marketing Channels. Journal of Marketing, 60(4), 1996, 19-38.

[242]Mael, F. and B. E. Ashforth, "Alumni and their Alma Mater: A Partial Test of the Reformulated Model of Organizational Identification", Journal of Organizational Behavior, 13(2), 1992, 103-123.

[243]Makenzie, S.B., Podsakoff, P.M., & Fetter, R. The Impact of Organizational Citizenship Behacior on Evaluations of Salesperson Oerformance. The Journal of Marketing, 57(1), 1993, 70-80.

[244]Maignan, I. and O. C. Ferrell, "Measuring Corporate Citizenship in Two Countries: The Case of the United States and France", Journal of Business Ethics, 23(3), 2000, 283-297.

[245]Maignan, I. and O. C. Ferrell, "Corporate Social Responsibility and Marketing: An Integrative Framework", Journal of the Academy of Marketing Science, 32(1), 2004, 3-19.

［246］Maignan,I.,Ferrell,O.C.& Hult,G.T.M.,Corporate Citizenship: Cultural Antecedents and Business Benefits.Journal of the Academy of Marketing,27(4),1999,455-469.

［247］Manne,H.G. and H.C. Wallich,The Modern Corporation and Social Responsibility,Washington,DC,American Enterprise Institute for Public Policy Research,1972.

［248］Margolis,J. D. and J. P. Walsh,"Misery Loves Companies:Rethinking Social Initiatives by Business",Administrative Science Quarterly,48(2),2003,268-305.

［249］Marin,L. and S. Ruiz,"'I Need You Too! '-Corporate Identity Attractiveness for Consumers and the Role of Social Responsibility",Journal of Business Ethics,71(3),2007,245-260.

［250］Marin,L.,S. Ruiz and A. Rubio,"The Role of Identity Salience in the Effects of Corporate Social Responsibility On Consumer Behavior",Journal of Business Ethics,84(1),2009,65-78.

［251］Marsden,C.,"The New Corporate Citizenship of Big Business:Part of the Solution to Sustainability? " Business and Society Review,105 (1),2000,8-25.

［252］atten,D. and A. Crane,"Corporate Citizenship:Toward an Extended Theoretical Conceptualization",Academy of Management Review,30 (1),2005,166-179.

［253］Matten,D. and J. Moon,"'Implicit' and 'Explicit' Csr:A Conceptual Framework for a Comparative Understanding of Corporate Social Responsibility",Academy of Management Review,33(2),2008,404-424.

［254］Mcguire,J. W.,Business and Society,New York,McGraw -Hill

Companies, 1963.

　　[255]Mcwilliams, A. and D. Siegel, "Corporate Social Responsibility: A Theory of the Firm Perspective", Academy of Management Review, 26(1), 2001, 117–127.

　　[256]Mcwilliams, A. and D. Siegel, "Additional Reflections On the Strategic Implications of Corporate Social Responsibility", Academy of Management Review, 27(1), 2002, 15–16.

　　[257]Mcwilliams, A., D. S. Siegel and P. M. Wright, "Corporate Social Responsibility: Strategic Implications", Journal of Management Studies, 43(1), 2006, 1–18.

　　[258]Millward L J, Brewerton P M. Psychological contracts: employee relations for the twenty–first century? International review of industrial and organizational psychology, 15, 2000, 1–61.

　　[259]Minor, D. and J. Morgan, "CSR as Reputation Insurance: Primum Non Nocere", California Management Review, 53(3), 2011, 40–59.

　　[260]Mirvis, P. and B. Googins, "Stages of Corporate Citizenship", California Management Review, 48(2), 2006, 104–126.

　　[261]Mitchell, R. K., Agle, B. R., and Wood, D. J., "Toward a Theory of Stakeholder Identification and Salience: Defining the Principle of Who and What Really Counts", Academy of Management Review, Vol.22(4), 1997, 856.

　　[262]Mohr, L. A. and D. J. Webb, "The Effects of Corporate Social Responsibility and Price On Consumer Responses", Journal of Consumer Affairs, 39(1), 2005, 121–147.

　　[263]Mohr, L. A., D. J. Webb and K. E. Harris, "Do Consumers Expect

Companies to be Socially Responsible? The Impact of Corporate Social Responsibility On Buying Behavior", Journal of Consumer Affairs, 35(1), 2001, 45-72.

[264]Moorman R. H., Relationship between organizational justice and organizational citizenship behaviors: do fairness perceptions influence employee citizenship? Journal of Applied Psychology, Vol.76, 1991, 845-855.

[265]Mulaik, S. A., L. R. James, J. Van Alstine, N. Bennett, S. Lind and C. D. Stilwell, "Evaluation of Goodness-of-Fit Indices for Structural Equation Models.", Psychological Bulletin, 105(3), 1989, 430.

[266]Murray, K. B. and C. M. Vogel, "Using a Hierarchy-of-Effects Approach to Gauge the Effectiveness of Corporate Social Responsibility to Generate Goodwill Toward the Firm: Financial Versus Nonfinancial Impacts", Journal of Business Research, 38(2), 1997, 141-159.

[267]Niehoff B. P., Moorman R. M., Justice as a mediator of the relationship between method of monitoring and organizational citizenship behavior, Academy of Management Journal, Vol.36, No.3, 1993, 327-336.

[268]Nunnally, J. C. and R. H. Bernstein, "The Assessment of Reliability", Psychometric Theory. New York: McGraw-Hill, Inc, 1994, 248-292.

[269]Organ, D.W. & Ryan, K.A. Meta-analytic Review of Attitudinal and Dispositional Predictors of Organizational Citizenship Behavior. Personnel Psychology, 48, 1995, 775, 802.

[270]Oyserman, D., "Identity-Based Motivation: Implications for Action-Readiness, Procedural-Readiness, and Consumer Behavior", Journal of Consumer Psychology, 19(3), 2009, 250-260.

[271]Pava, M. L. and J. Krausz, "The Association Between Corporate

Social-Responsibility and Financial Performance: The Paradox of Social Cost", Journal of Business Ethics, 15(3), 1996, 321-357.

[272] Pirsch, J., S. Gupta and S. Grau, "A Framework for Understanding Corporate Social Responsibility Programs as a Continuum: An Exploratory Study", Journal of Business Ethics, 70(2), 2007, 125-140.

[273] Podsakoff, P. M. and D. W. Organ, "Self-Reports in Organizational Research: Problems and Prospects", Journal of management, 12(4), 1986, 531.

[274] Porter, M. E. and M. R. Kramer, "Strategy & Society: The Link Between Competitive Advantage and Corporate Social Responsibility", Harvard Business Review, 84(12), 2006, 78-92.

[275] Porter, M. E. and M. R. Kramer, "The Competitive Advantage of Corporate Philanthropy", Harvard Business Review, 80(12), 2002, 56-69.

[276] Quazi, A. M. and D. O'Brien, "An Empirical Test of a Cross-National Model of Corporate Social Responsibility", Journal of Business Ethics, 25 (1), 2000, 33-51.

[277] Reed, A., K. Aquino and E. Levy, "Moral Identity and Judgments of Charitable Behaviors", Journal of Marketing, 71(1), 2007, 178-193.

[278] Rego, L. L., M. T. Billett and N. A. Morgan, "Consumer-Based Brand Equity and Firm Risk", Journal of Marketing, 73(6), 2009, 47-60.

[279] Ricks Jr, J. M., "An Assessment of Strategic Corporate Philanthropy On Perceptions of Brand Equity Variables", Journal of Consumer Marketing, 22(3), 2005, 121-134.

[280] Rifon, N. J., S. M. Choi, C. S. Trimble and H. Li, "Congruence Effects in Sponsorship: The Mediating Role of Sponsor Credibility and Consumer Attributions of Sponsor Motive", Journal of Advertising, 33(1), 2004, 29-42.

［281］Roehling,M. V.. The Origins and Early Development of the Psychological Contract Construct. Academy of Management Proceedings,1996,202 – 206.

［282］Rory,P. M.,"A Consumer –Oriented Framework of Brand Equity and Loyalty",Market Research Society. Journal of the Market Research Society,42(1),1999,65.

［283］Rousseau,D. M.,Psychological Contract Inventory Technical Report,http://www.andrew.cmu.edu/user/rousseau/0_reports/ reports.html,2002.

［284］Rowley,T. J.,"Moving Beyond Dyadic Ties:A Network Theory of Stakeholder Influences.",Academy of Management Review,22(4),1997,887– 910.

［285］Rugman,A. M. and A. Verbeke,"Corporate Strategies and Environmental Regulations:An Organizing Framework",Strategic Management Journal,19(4),1998,363–375.

［286］Samu,S. and W. Wymer,"The Effect of Fit and Dominance in Cause Marketing Communications",Journal of Business Research,62(4),2009,432–440.

［287］Schmit,M. J.,Allscheid,S. P.. Employee Attitudes and Customer Satisfaction:Making Theoretical and Empirical Connections. Personnel Psychology,48(3),1995,521–536.

［288］Schneider,B.,M. G. Ehrhart,D. M. Mayer,J. L. Saltz and K. Niles–Jolly,"Understanding Organization–Customer Links in Service Settings",Academy of Management Journal,2005,1017–1032.

［289］Scholl R. W.,Cooper R. A.,Mackenna J.F.,Referent selection in determining equity perceptions:differential effects on behavioral and attitudinal outcomes, Personnel Psychology, Vol.40, 1987, 113-124.

[290]Schwartz, M. S. and A. B. Carroll, "Corporate Social Responsibility: A Three-Domain Approach", Business Ethics Quarterly, 13(4), 2003, 503-530.

[291]Sen, S. and C. B. Bhattacharya, "Does Doing Good Always Lead to Doing Better? Consumer Reactions to Corporate Social Responsibility", Journal of Marketing Research, 38(2), 2001, 225-243.

[292]Sen, S., C. B. Bhattacharya and D. Korschun, "The Role of Corporate Social Responsibility in Strengthening Multiple Stakeholder Relationships: A Field Experiment", Journal of the Academy of Marketing Science, 34 (2), 2006, 158-166.

[293]Sethi, S. P., "Dimensions of Corporate Social Performance: An Analytical Framework", California Management Review, 17(3), 1975, 58-64.

[294]Shang, J., A. Reed and R. Croson, "Identity Congruency Effects On Donations", Journal of Marketing Research, 45(3), 2008, 351-361.

[295]Shrout, P. E. and N. Bolger, "Mediation in Experimental and Non-experimental Studies: New Procedures and Recommendations", Psychological methods, 7(4), 2002, 422-445.

[296]Simmons, C. J. and K. L. Becker-Olsen, "Achieving Marketing Objectives through Social Sponsorships", Journal of Marketing, 70(4), 2006, 154-169.

[297]Simon, C. J. and M. W. Sullivan, "The Measurement and Determinants of Brand Equity: A Financial Approach", Marketing Science, 12 (1), 1993, 28-52.

[298]Sirgy, M. J., J. S. Johar, A. C. Samli and C. B. Claiborne, "Self-Congruity Versus Functional Congruity: Predictors of Consumer Behavior",

Journal of the Academy of Marketing Science, 19(4), 1991, 363-375.

[299]Smith, R. E. and S. D. Hunt, "Attributional Processes and Effects in Promotional Situations", Journal of Consumer Research, 5(3), 1978, 149-158.

[300]Snider, J., R. P. Hill and D. Martin, "Corporate Social Responsibility in the 21St Century: A View From the World's Most Successful Firms", Journal of Business Ethics, 48(2), 2003, 175-187.

[301]Spector, P. E., "Method Variance as an Artifact in Self-Reported Affect and Perceptions at Work: Myth Or Significant Problem?" Journal of Applied Psychology, 72(3), 1987, 438.

[302]Speed, R. and P. Thompson, "Determinants of Sports Sponsorship Response", Journal of the Academy of Marketing Science, 28(2), 2000, 226-238.

[303]Starik, M., et al., The Toronto Conference: Reflections on Stakeholder Theory", Business and Society, Vol.33, 1994, 7.

[304]Storbacka, K., T. Strandvik and C. Gr? nroos, "Managing Customer Relationships for Profit: The Dynamics of Relationship Quality", International Journal of Service Industry Management, 5(5), 1994, 21-38.

[305]Tajfel, H., Differentiation Between Social Groups: Studies in the Social Psychology of Intergroup Relations, London, Academic Press, 1978.

[306]Tajfel, H., "Social Psychology of Intergroup Relations", Annual Review Of Psychology, 33(1), 1982, 1-39.

[307]Tajfel, H., Human Groups and Social Categories: Studies in Social Psychology, Cambridge, England, Cambridge university press, 1981.

[308]Tajfel, H. and J. C. Turner, "Psychology of intergroup relations", in Worchel, S.W. G. Austin, The Social Identity Theory of Intergroup Behav-

ior, Chicago, Nelson-Hall, 7-24, 1985.

[309]Turban, D.B. & Greening, D.W., Corporate Social Performance and Organizational Attractiveness to Prospective Employees.Academy of Management Journal, 40(3), 1997, 658-672.

[310]Turner, J. C., "Differentiation between social groups: Studies in the social psychology of intergroup relations", Tajfel, H. E., Social Comparison, Similarity and in-Group Favouritism, London, Academic Press, 1978.

[311]Turner, J. C., "Social Comparison and Social Identity: Some Prospects for Intergroup Behaviour", European Journal of Social Psychology, 5 (1), 1975, 1-34.

[312]Vallentin, S., "Private Management and Public Opinion: Corporate Social Responsiveness Revisited", Business & Society, 48(1), 2009, 60-87.

[313]Vidaver-Cohen, D. and B. W. Altman, "Corporate Citizenship in the New Millennium: Foundation for an Architecture of Excellence", Business and Society Review, 105(1), 2000, 145-168.

[314]Vilanova, M., J. Lozano and D. Arenas, "Exploring the Nature of the Relationship Between Csr and Competitiveness", Journal of Business Ethics, 87, 2009, 57-69.

[315]Waddock, S. A. and S. B. Graves, "The Corporate Social Performance-Financial Performance Link", Strategic Management Journal, 18(4), 1997, 303-319.

[316]Wagner, T., R. J. Lutz and B. A. Weitz, "Corporate Hypocrisy: Overcoming the Threat of Inconsistent Corporate Social Responsibility Perceptions", Journal of Marketing, 73(6), 2009, 77-91.

[317]Webb, D. J. and L. A. Mohr, "A Typology of Consumer Responses

to Cause–Related Marketing: From Skeptics to Socially Concerned", Journal of Public Policy & Marketing, 17(2), 1998, 226–238.

[318] Weiner, B., "Handbook of motivation and cognition: foundations of social behavior", Sorrentino, R. M.E. T. Higgins, Attribution, Emotion, and Action, New York, The Guilford Press, 1986, 281–312.

[319] Weiner, B. and S. J. Handel, "A Cognition–Emotion–Action Sequence: Anticipated Emotional Consequences of Causal Attributions and Reported Communication Strategy", Developmental Psychology, 21(1), 1985, 102–107.

[320] Werther, J. W. B. and D. Chandler, "Strategic Corporate Social Responsibility as Global Brand Insurance", Business Horizons, 48(4), 2005, 317–324.

[321] Wood, D. J., "Social Issues in Management: Theory and Research in Corporate Social Performance", Journal of Management, 17(2), 1991a, 383–406.

[322] Wood, D. J., "Corporate Social Performance Revisited", Academy of Management Review, 16(4), 1991b, 691–718.

[323] Wood, Donna J., "Corporate Social Performance Revisited", Academy of Management Review, Vol.16(4), 1991, 696.

[324] Wood, L., "Brands and Brand Equity: Definition and Management", Management Decision, 38(9), 2000, 662–669.

[325] Yoon, Y., Negative Consequences of Doing Good: The Effects of Inferred Motives Underlying Corporate Social Responsibility(CSR), Ph.D., Michigan, University of Michigan, 2003.

[326] Yoon, Y., Z. Gürhan–Canli and N. Schwarz, "The Effect of Corporate Social Responsibility (Csr) Activities On Companies with Bad Reputa–

tions", Journal of Consumer Psychology, 16(4), 2006, 377-390.

[327]Zafirovski, M., "Some Amendments to Social Exchange Theory: A Sociological Perspective", Theory & Science, 4(2), 2003, 12-14.

[328]Zinkhan, G. M. and M. R. Zimmer, "Strategic Brand Management: New Approaches to Creating and Evaluating Brand Equity", Journal of Marketing, 58(3), 1994, 118-119.

附　录

附录1　预调查问卷(员工)

企业对员工的责任与消费者外在响应机制的调查问卷
(员工部分)

亲爱的朋友:

　　您好!我是中国人民大学商学院营销专业的博士生,正在进行有关企业对员工的责任与消费者外在响应机制的研究,以求促进企业更好地履行对员工的责任,同时促进消费者的外在响应。您的回答无所谓对错,请您结合真实感受填写问卷,并在您认为合适的数字上画"√",数据仅用于统计分析,并为您保密。非常感谢您的参与,谢谢!

第一部分　您所在的企业基本情况

1. 您所在的企业全称是:(请填写)

2. 您所在的企业成立至今已有:

□≤1年　　1<□≤5年　　5<□≤10年　　10<□≤20年　　20年<□

3. 您所在的企业性质是:

①国有企业　②民营企业　③外资企业　④中外合资

4. 您所在的企业有社会责任管理部门吗?

①有　②没有

第二部分　您所感知到的本企业对员工的责任

	请您根据自己感知的本企业对员工的责任信息打"√"。 1=完全不同意,2=很不同意,3=有点不同意,4=不确定,5=有点同意,6=很同意, 7=完全同意。							
E_1	企业只提供最低工资标准	1	2	3	4	5	6	7
E_2	企业只提供最基本的职业安全健康保障	1	2	3	4	5	6	7
E_3	企业内部员工基本没有发展机会	1	2	3	4	5	6	7
E4	企业除了基本工资外还有较好的福利补贴	1	2	3	4	5	6	7
E_5	企业重视员工的培训和发展	1	2	3	4	5	6	7
E_6	企业把员工视为重要利益相关方,珍视员工资源	1	2	3	4	5	6	7
E_7	企业把员工的发展作为企业可持续发展的目标之一	1	2	3	4	5	6	7
E_8	企业支持员工参与慈善公益活动	1	2	3	4	5	6	7
EA	企业为员工提供了合理的工资待遇	1	2	3	4	5	6	7
EB	企业在管理过程中首先考虑员工的需求和期望	1	2	3	4	5	6	7
EC	企业鼓励员工提高技能,创造职业发展通道	1	2	3	4	5	6	7
ED	与员工有关的管理决策都是公平的	1	2	3	4	5	6	7
EF	企业实行灵活的政策,使员工的工作与生活得到了平衡	1	2	3	4	5	6	7
EE	企业为员工提供了平等的机会	1	2	3	4	5	6	7

第三部分　道德身份认同

	如果某人或者是您自己具有关爱、有同情心、公平、友好、慷慨助人、勤奋、诚实、和蔼的特征，请根据自己的感受在对应的选项上打"√"。 1=完全不同意，2=很不同意，3=有点不同意，4=不确定，5=有点同意，6=很同意，7=完全同意							
M_1	具有这些特征的人会让我感觉良好	1	2	3	4	5	6	7
M_2	我也一直在追求这些特征	1	2	3	4	5	6	7
M_3	我的言谈举止能让别人认为我具有这些特征	1	2	3	4	5	6	7
M_4	如果成为具有这样特征的人，我会觉得不自在	1	2	3	4	5	6	7
M_5	我业余时间做的事情就能够体现上述特征	1	2	3	4	5	6	7
M_6	我读的书或杂志可以看出我具有上述特征	1	2	3	4	5	6	7
M_7	具有这些特征对我来说真的不重要	1	2	3	4	5	6	7
M_8	我愿意加入具有上述特征的组织（包括公司）	1	2	3	4	5	6	7
M_9	我愿意积极参与具有上述特征的活动	1	2	3	4	5	6	7
M_{10}	我非常想具备上述特征	1	2	3	4	5	6	7

第四部分　组织公民行为

	仅考虑您对以下描述的感知，并根据相应的程度打"√"。 1=完全不同意，2=很不同意，3=有点不同意，4=不确定，5=有点同意，6=很同意，7=完全同意							
O_1	愿意维护公司名誉	1	2	3	4	5	6	7
O_2	喜欢与顾客分享公司的好消息或澄清别人对公司的误会	1	2	3	4	5	6	7
O_3	愿意提出改善公司运作情况的积极建议	1	2	3	4	5	6	7
O_4	积极参与公司会议	1	2	3	4	5	6	7
O_5	愿意帮助新顾客解决相关问题	1	2	3	4	5	6	7
O_6	愿意帮助新顾客适应相关环境	1	2	3	4	5	6	7
O_7	愿意在需要的时候分担同事的工作任务	1	2	3	4	5	6	7
O_8	愿意协调和顾客、同事的关系并与之交流	1	2	3	4	5	6	7
O_9	即使在无人监督的情况下依然会遵守公司的制度和程序	1	2	3	4	5	6	7
O_{10}	认真对待自己的工作，尽可能少犯错误	1	2	3	4	5	6	7
O_{11}	不介意接受新的或富有挑战性的任务	1	2	3	4	5	6	7
O_{12}	努力自学，希望工作的质量得到提高	1	2	3	4	5	6	7

	仅考虑您对以下描述的感知,并根据相应的程度打"√"。 1=完全不同意,2=很不同意,3=有点不同意,4=不确定,5=有点同意,6=很同意, 7=完全同意							
O_{13}	经常早到,并能尽快投入工作	1	2	3	4	5	6	7
O_{14}	有时候会违反制度以追求个人的影响力或目的R	1	2	3	4	5	6	7
O_{15}	利用职务之便满足个人私欲	1	2	3	4	5	6	7
O_{16}	听不进批评,极力为实现个人利益而奋斗	1	2	3	4	5	6	7
O_{17}	经常在上司或同事背后说他们的坏话	1	2	3	4	5	6	7
O_{18}	在工作时间里做自己的事情(如炒股、购物等)	1	2	3	4	5	6	7
O_{19}	利用公司资源做自己的事情(如使用公司电话、复印机等)	1	2	3	4	5	6	7
O_{20}	经常找借口请病假	1	2	3	4	5	6	7

第五部分　个人基本信息

最后是关于您的个人信息,仅作为学术研究之用并为您保密,请放心填写!

P_1	性　别	□男　□女
P_2	年　龄	□24岁及以下　□25~34岁　□35~44岁　□45~54岁　□55岁以上
P_3	教育程度	□高中、中专及以下　□大专　□大学本科　□硕士及以上
P_4	企业职位	□普通职员　　□基层管理者　□中层管理者 □高层管理者　□其他
P_5	平均月收入	□3000元及以下　□3001~6000元　□6001~9000元 □9001~12000元　□12000元以上

※调查到此结束,感谢您的支持!祝您工作、生活、学习一切顺利!※

附录2　预调查问卷(消费者)

企业对员工的责任与消费者外在响应机制的调查问卷
(消费者部分)

亲爱的朋友:

您好! 我是中国人民大学商学院营销专业的博士生,正在进行有关企业对员工的责任与消费者外在响应机制的研究,以求促进企业更好地履行对员工的责任,同时促进消费者的外在响应。您的回答无所谓对错,请您结合真实感受填写问卷,并在您认为合适的数字上画"√",数据仅用于统计分析,并为您保密。非常感谢您的参与,谢谢!

第一部分　您所接触企业的基本情况

1. 您所接触的企业全称是:(请填写)

2. 您使用(购买)该企业的产品至今已有:

□≤1年　1<□≤5年　5<□≤10年　10<□≤20年　20年<□

3. 该企业的性质是:

①国有企业　②民营企业　③外资企业　④中外合资

4. 您知道该企业有社会责任管理部门吗?

①有　②没有

第二部分 消费者外在响应

在其它因素一样的情况下,请您根据您对您所使用(购买)服务的这家企业员工服务的感知情况,对以下描述打"√"。

1=完全不同意,2=很不同意,3=有点不同意,4=不确定,5=有点同意,6=很同意,7=完全同意

PI_1	需要时,我会购买该企业的产品或服务	1	2	3	4	5	6	7
PI_2	未来我非常有可能购买该企业的产品或服务	1	2	3	4	5	6	7
PI_3	更换产品或服务时,我会毫不犹豫地购买该企业的产品	1	2	3	4	5	6	7
PI_4	更换产品或服务时,我会购买其它企业的产品或服务	1	2	3	4	5	6	7
RE_5	当别人购买产品或服务询问我的意见时,我会推荐该企业的产品或服务	1	2	3	4	5	6	7
RE_6	我会将该企业的积极正面信息说给周围的朋友听	1	2	3	4	5	6	7
RE_7	我会向周围的朋友积极推荐该企业的产品或服务	1	2	3	4	5	6	7

第三部分 个人基本信息

最后是关于您的个人信息,仅作为学术研究之用并为您保密,请放心填写!

P_1	性　别	□男　□女
P_2	年　龄	□24岁及以下　□25~34岁　□35~44岁　□45~54岁　□55岁以上
P_3	教育程度	□高中、中专及以下　□大专　□大学本科　□硕士及以上
P_4	企业职位	□普通职员　□基层管理者　□中层管理者 □高层管理者　□其他
P_5	平均月收入	□3000元及以下　□3001~6000元　□6001~9000元 □9001~12000元　□12000元以上

※调查到此结束,感谢您的支持! 祝您工作、生活、学习一切顺利! ※

附录3 正式调查问卷(员工)

企业对员工的责任与消费者外在响应机制的调查问卷
(员工部分)

亲爱的朋友:

您好!我是中国人民大学商学院营销专业的博士生,正在进行有关企业对员工的责任与消费者外在响应机制的研究,以求促进企业更好地履行对员工的责任,同时促进消费者的外在响应。您的回答无所谓对错,请您结合真实感受填写问卷,并在您认为合适的数字上画"√",数据仅用于统计分析,并为您保密。非常感谢您的参与,谢谢!

第一部分 您所在的企业基本情况

1. 您所在的企业全称是:(请填写)

2. 您所在的企业成立至今已有:

□≤1年　1<□≤5年　5<□≤10年　10<□≤20年　20年<□

3. 您所在的企业性质是:

①国有企业　②民营企业　③外资企业　④中外合资

4. 您所在的企业有社会责任管理部门吗?

①有　②没有

第二部分　您所感知到的本企业对员工的责任

请您根据自己感知的本企业对员工的责任信息打"√"。
1=完全不同意,2=很不同意,3=有点不同意,4=不确定,5=有点同意,6=很同意,7=完全同意。

E_1	企业只提供最低工资标准	1	2	3	4	5	6	7
E_2	企业只提供最基本的职业安全健康保障	1	2	3	4	5	6	7
E_3	企业内部员工基本没有发展机会	1	2	3	4	5	6	7
E_4	企业除了基本工资外还有较好的福利补贴	1	2	3	4	5	6	7
E_5	企业重视员工的培训和发展	1	2	3	4	5	6	7
E_6	企业把员工视为重要利益相关方,珍视员工资源	1	2	3	4	5	6	7
E_7	企业把员工的发展作为企业可持续发展的目标之一	1	2	3	4	5	6	7
E_8	企业支持员工参与慈善公益活动	1	2	3	4	5	6	7

第三部分　道德身份认同

如果某人或者是您自己具有关爱、有同情心、公平、友好、慷慨助人、勤奋、诚实、和蔼的特征,请根据自己的感受在对应的选项上打"√"。
1=完全不同意,2=很不同意,3=有点不同意,4=不确定,5=有点同意,6=很同意,7=完全同意

M_1	具有这些特征的人会让我感觉良好	1	2	3	4	5	6	7
M_2	我也一直在追求这些特征	1	2	3	4	5	6	7
M_3	我的言谈举止能让别人认为我具有这些特征	1	2	3	4	5	6	7
M_4	如果成为具有这样特征的人,我会觉得不自在	1	2	3	4	5	6	7
M_5	我业余时间做的事情就能够体现上述特征	1	2	3	4	5	6	7
M_6	我读的书或杂志可以看出我具有上述特征	1	2	3	4	5	6	7
M_7	具有这些特征对我来说真的不重要	1	2	3	4	5	6	7
M_8	我愿意加入具有上述特征的组织(包括公司)	1	2	3	4	5	6	7
M_9	我愿意积极参与具有上述特征的活动	1	2	3	4	5	6	7
M_{10}	我非常想具备上述特征	1	2	3	4	5	6	7

第四部分 组织公民行为

仅考虑您对以下描述的感知，并根据相应的程度打"√"。 1=完全不同意，2=很不同意，3=有点不同意，4=不确定，5=有点同意，6=很同意，7=完全同意							
O_1 愿意维护公司名誉	1	2	3	4	5	6	7
O_2 喜欢与顾客分享公司的好消息或澄清别人对公司的误会	1	2	3	4	5	6	7
O_3 愿意提出改善公司运作情况的积极建议	1	2	3	4	5	6	7
O_4 积极参与公司会议	1	2	3	4	5	6	7
O_5 愿意帮助新顾客解决相关问题	1	2	3	4	5	6	7
O_6 愿意帮助新顾客熟悉相关环境	1	2	3	4	5	6	7
O_7 愿意在需要的时候分担同事的工作任务	1	2	3	4	5	6	7
O_8 愿意协调和同事、顾客的关系并与之交流	1	2	3	4	5	6	7
O_9 即使在无人监督的情况下依然会遵守公司的制度和程序	1	2	3	4	5	6	7
O_{10} 认真对待自己的工作，尽可能少犯错误	1	2	3	4	5	6	7
O_{11} 不介意接受新的或富有挑战性的任务	1	2	3	4	5	6	7
O_{12} 努力自学，希望工作质量得到提高	1	2	3	4	5	6	7
O_{13} 经常早到，并能尽快投入工作	1	2	3	4	5	6	7

第五部分 个人基本信息

最后是关于您的个人信息，仅作为学术研究之用并为您保密，请放心填写！

P_1	性　别	□男　□女
P_2	年　龄	□24岁及以下　□25~34岁　□35~44岁　□45~54岁　□55岁以上
P_3	教育程度	□高中、中专及以下　□大专　□大学本科　□硕士及以上
P_4	企业职位	□普通职员　□基层管理者　□中层管理者 □高层管理者　□其他
P_5	平均月收入	□3000元及以下　□3001~6000元　□6001~9000元 □9001~12000元　□12000元以上

※调查到此结束，感谢您的支持！祝您工作、生活、学习一切顺利！※

附录4　正式调查问卷（消费者）

企业对员工的责任与消费者外在响应机制的调查问卷
（消费者部分）

亲爱的朋友：

　　您好！我是中国人民大学商学院营销专业的博士生，正在进行有关企业对员工的责任与消费者外在响应机制的研究，以求促进企业更好地履行对员工的责任，同时促进消费者的外在响应。您的回答无所谓对错，请您结合真实感受填写问卷，并在您认为合适的数字上画"√"，数据仅用于统计分析，并为您保密。非常感谢您的参与，谢谢！

第一部分　您所接触企业的基本情况

1. 您所接触的企业全称是：（请填写）

2. 您使用（购买）该企业的产品至今已有：

□≤1年　1<□≤5年　5<□≤10年　10<□≤20年　20年<□

3. 该企业的性质是：

①国有企业　②民营企业　③外资企业　④中外合资

4. 您知道该企业有社会责任管理部门吗？

①有　②没有

第二部分　消费者外在响应

在其它因素一样的情况下,请您根据您对您所使用(购买)服务的这家企业员工服务的感知情况,对以下描述打"√"。

1=完全不同意,2=很不同意,3=有点不同意,4=不确定,5=有点同意,6=很同意,7=完全同意

PI_1	需要时,我会购买该企业的产品或服务	1	2	3	4	5	6	7
PI_2	未来我非常有可能购买该企业的产品或服务	1	2	3	4	5	6	7
PI_3	更换产品或服务时,我会毫不犹豫地购买该企业的产品	1	2	3	4	5	6	7
PI_4	更换产品或服务时,我会购买其它企业的产品或服务	1	2	3	4	5	6	7
RE_5	当别人购买产品或服务询问我的意见时,我会推荐该企业的产品或服务	1	2	3	4	5	6	7
RE_6	我会将该企业的积极正面信息说给周围的朋友听	1	2	3	4	5	6	7
RE_7	我会向周围的朋友积极推荐该企业的产品或服务	1	2	3	4	5	6	7

第三部分　个人基本信息

最后是关于您的个人信息,仅作为学术研究之用并为您保密,请放心填写!

P_1	性　别	□男　□女
P_2	年　龄	□24岁及以下　□25~34岁　□35~44岁　□45~54岁　□55岁以上
P_3	教育程度	□高中、中专及以下　□大专　□大学本科　□硕士及以上
P_4	企业职位	□普通职员　□基层管理者　□中层管理者 □高层管理者　□其他
P_5	平均月收入	□3000元及以下　□3001~6000元　□6001~9000元 □9001~12000元　□12000元以上

※调查到此结束,感谢您的支持! 祝您工作、生活、学习一切顺利!※

后 记

温柔的晚风

> 只有玫瑰才能盛开如玫瑰,别的不能。

——辛波斯卡

经常有人说,写论文时受的苦,是当年选专业时脑子里进的水。诚然,读博士是一个非常辛苦的过程,我也时常反思我当年选择这个专业是对还是错,五年的时间里,我不仅要忙于工作,还要忙于上课、写论文。我也曾多次打过退堂鼓,想过放弃。如今回想起来,真的要感谢曾经不懈坚持的自己,让我在2016年6月20日从中国人民大学商学院顺利毕业。那时的我除了无比兴奋之外,也多了些许惆怅。可能是对于校园生活的依依不舍,也可能是对自己青春时光的念念不忘。

读博的那五年,工作的忙碌、生活的变故、学业的艰辛没有一个落下,困难一个个扑面而来,竟让我如此应接不暇。我不坚强,却被动地学会了坚韧,正应了那句流行名言:生活不可能像你想象得那么好,但也不会像你想象得那么糟;人的脆弱和坚强都超乎自己的想象。有时,我可能脆弱得因为一句话就泪流满面;有时,也发现自己咬着牙走了很长的路。幸好,在博士求学这条路上,我咬牙冲过了终点,而且牙还没有碎。2016年,我换了工作单位,因为要重新适应和熟悉,所以变得更加忙碌。一次春雨,我加班后独自在雨中走着,从长安街回家的路突然变得很长、很长,那时,我感觉到的不是凉意,而是心中涌起的感悟。我想只有经历过磨炼才能更好地成长,这是每个人必须要经历的蜕变吧。

正如席慕蓉的诗歌所描述的那样:"在这人世间,有些路是非要单独一个人去面对,单独一个人去跋涉的,路再长再远,夜再黑再暗,也得独自默默地走下去。"不管是生活还是工作,时常需要一个人独自前行,再亲的人也无法与你分担。当我们回忆往事,也会常常感叹,此去经年,物是人非。我时常期待的是淅沥的春雨后,迎接我的那一缕温柔晚风,不疾不徐,舒适惬意。

坦率地说,不写博士论文,不知论文有多难写。或许因为我是在职读博,一边读书一边工作,总觉得时间、精力都不够用。读博期间,赶上高校教育思路改革,按传统的推演、案例研究方法写的博士论文绝无通过的可能,必须得用西方的实验法、结构方程模型等科学的管理学研究方法得出结论才行。这对我来说太难了,Liseral、HLM等很多分析软件都是从头开始学,一点一滴艰难地"啃"下来的。所以中途放弃了很多次,三年间论文没有任何进展。同时,我也赶上了党的十八大后国有企业改革大潮,在又一次风起云涌的经济改革之时,我有幸与同人勇立潮头,见证了指导新时代国有企业改革的纲领性文件出台的全过程。

我是幸运的,在两条改革的道路上我都没有被抛弃,顺利实现了轨道转换。随着工作角色的转变,我更加关注企业的全面可持续发展。按马斯洛的需求层次理论来说,企业追求社会责任,就如同人满足了基本生存需要后,追求最高层次的自我实现一样,是一种高级追求,是一种必然追求。

改革、发展其实都是奔着问题去，当我的兴趣点聚焦在利益相关方时，一直试图在寻找某种逻辑给它们排序。现实的管理案例其实就是最好的逻辑线条：海底捞以员工为第一利益相关方，马云说阿里的第一个产品是自己的员工……这使得我逐步明确了自己的研究问题：如果员工是第一位的利益相关者，那么企业应如何关注员工的发展、员工的未来？而这种关心和投入，是否能够产生"公司对我好，我对公司好"的回报？这涉及员工对责任不同维度的重新认识。每个员工都会有这种回报吗？这涉及企业对员工的招聘策略。这种回报又以何种方式呈现，是不是能够有效传导给自己服务的消费者，从而产生口碑效应、推荐效应，进而表现为较高的企业绩效？这涉及传导的路径和调节变量的选择。以上就是本书讨论的逻辑。

因此，重新定义员工的责任已成为管理者应该认真思考的问题。我想，大多数员工也期待所在的企业能送给他们春雨后那一缕温柔的晚风，让他们能够每天如春风拂面，愉快工作，员工才能再把这种幸福感带给自己的消费者，从而以实际行动回报股东。众所周知，高明的园艺师非常注重每一棵树木的天性，补充有效的营养，不断修剪枝叶，让它们都朝着一个方向努力，向阳生长。我想新时代的企业更是如此，首先要不断满足员工对美好生活的向往，才能汇聚起发展动能，成为一家真正伟大的公司。

可以说，这篇博士论文对我而言意义非凡。尽管工作越来越忙，却始终没有放弃将其再编出版的想法。如果此书能对后来研究者们有所借鉴，是之欣慰。如果此书能对从事企业社会责任工作的管理者们有所启发，更不胜荣幸。

最后，感谢在博士论文写作过程中给我帮助的所有朋友——老师、同学、家人、领导及同事，名单太长，请恕我不能一一致谢。还要特别感谢不断鼓励、支持、策划我出版此书的李敬强、@Arthur、苏慕白、张蕙，感谢你们给我行动的勇气。

感恩生活,感恩所有!

杨丽丹

2018年中秋于北京